REPRESENTATIONS OF THE INTELLECTUAL
Copyright © Edward W. Said, 1994
All rights reserved

学术前沿

THE FRONTIERS OF ACADEMIA

知识分子论

[美] 爱德华·W. 萨义德 著

单德兴 译

陆建德 校

＊

生活·讀書·新知 三联书店

Simplified Chinese Copyright © 2016 by SDX Joint Publishing Company.
All Rights Reserved.
本作品简体中文版权由生活·读书·新知三联书店所有。
未经许可，不得翻印。

图书在版编目（CIP）数据

知识分子论／（美）萨义德著；单德兴译．—3版．—北京：生活·读书·新知三联书店，2016.10（2024.1重印）
（学术前沿）
ISBN 978 - 7 - 108 - 05732 - 7

Ⅰ.①知…　Ⅱ.①萨…②单…　Ⅲ.①知识分子－研究　Ⅳ.①D013

中国版本图书馆 CIP 数据核字（2016）第 134033 号

责任编辑	冯金红
装帧设计	罗　洪　蔡立国
责任印制	董　欢
出版发行	生活·讀書·新知 三联书店 （北京市东城区美术馆东街 22 号 100010）
网　　址	www.sdxjpc.com
经　　销	新华书店
印　　刷	河北松源印刷有限公司
版　　次	2002 年 4 月北京第 1 版 2013 年 4 月北京第 2 版 2016 年 10 月北京第 3 版 2024 年 1 月北京第 11 次印刷
开　　本	880 毫米 × 1230 毫米　1/32　印张 5.625
字　　数	123 千字
印　　数	60,001 - 63,000 册
定　　价	42.00 元

（印装查询：01064002715；邮购查询：01084010542）

学术前沿
总　序

　　生活·读书·新知三联书店素来重视国外学术思想的引介工作，以为颇有助于中国自身思想文化的发展。自80年代中期以来，幸赖著译界和读书界朋友鼎力襄助，我店陆续刊行综合性文库及专题性译丛若干套，在广大读者中产生了良好影响。

　　第二次世界大战结束后，随着世界格局的急速变化，学术思想的处境日趋复杂，各种既有的学术范式正遭受严重挑战，而学术研究与社会—文化变迁的相关性则日益凸显。中国社会自70年代末期起，进入了全面转型的急速变迁过程，中国的学术既是对这一变迁的体现，也参与了这一变迁。迄今为止，这一体现和参与都还有待拓宽和深化。由此，为丰富汉语学术思想资源，我们在整理近现代学术成就、大力推动国内学人新创性著述的同时，积极筹划绍介反映最新学术进展的国外著作。"学术前沿"丛书，旨在译介"二战"结束以来，尤其是本世纪60年代之后国外学术界的前沿性著作（亦含少量"二战"前即问世，但在战后才引起普遍重视的作品），以期促进中国的学科建设和学术反思，并回应当代学术前沿中的重大难题。

　　"学术前沿"丛书启动之时，正值世纪交替之际。而现代中国的思想文化历经百余年艰难曲折，正迎来一个有望获得创造性大发展的历史时期。我们愿一如既往，为推动中国学术文化的建设竭尽绵薄。谨序。

生活·读书·新知三联书店
1997年11月

目　录

译者序　单德兴......*1*

序言......*13*
第一章　知识分子的代表......*25*
第二章　为民族与传统设限......*43*
第三章　知识分子的流亡......*60*
　　　　——放逐者与边缘人
第四章　专业人士与业余者......*76*
第五章　对权势说真话......*91*
第六章　总是失败的诸神......*105*

附录一　论知识分子......*120*
　　　　——萨义德访谈录
附录二　扩展人文主义......*138*
　　　　——萨义德访谈录
附录三　萨义德专著书目提要......*160*

索引......*167*
后记......*173*

译者序

单德兴

> 大多数人主要知道一个文化、一个环境、一个家，流亡者至少知道两个；这个多重视野产生一种觉知：觉知同时并存的面向，而这种觉知——借用音乐的术语来说——是**对位的**（*contrapuntal*）。……流亡是过着习以为常的秩序之外的生活。它是游牧的、去中心的（decentered）、对位的；但每当一习惯了这种生活，它撼动的力量就再度爆发出来。
>
> ——萨义德，《寒冬心灵》（*The Mind of Winter*，1984，p.55）

> 批评必须把自己设想成为了提升生命，本质上反对一切形式的暴政、宰制、虐待；批评的社会目标是为了促进人类自由而产生的非强制性的知识。
>
> ——萨义德，《世界·文本·批评家》（*The World, the Text, and the Critic*，1983，p.29）

萨义德1935年11月1日出生于耶路撒冷，在英国占领期间就读巴勒斯坦和埃及开罗的西方学校，接受英国式教育，1950年代赴美国就读一流学府，获普林斯顿大学学士（1957

年)、哈佛大学硕士(1960年)、博士(1964年),1963年起任教哥伦比亚大学迄今,讲授英美文学与比较文学。

萨义德著作等身,为当今闻名国际的文学学者暨文化批评家,并以知识分子的身份投入巴勒斯坦解放运动,其学术表现和政治参与都很引人瞩目,如著名的非裔美国哲学家魏思特(Cornel West)在本书平装本的封底推荐词中称颂萨义德为"当今美国最杰出的文化批评家",但也由于热切关怀、积极参与巴勒斯坦的政治,以致和乔姆斯基(Noam Chomsky,1928— ,美国语言学家)一样,成为美国最具争议性的学院人士。他在许多场合提到1967年的中东战争是其人生的转捩点:之前,学术与政治分属两个截然不同的领域;之后,二者合而为一。这点在本书所附的访谈录中也有明确表示。

在《认同·权威·自由:君主与旅人》(*Identity, Authority and Freedom: The Potentate and the Traveller*,1991)中萨义德进一步提到自己的三重身份:"我是个巴勒斯坦的阿拉伯人,也是个美国人,这所赋予我的双重角度即使称不上诡异,但至少是古怪的。此外,我当然是个学院人士。这些身份中没有一个是隔绝的;每一个身份都影响、作用于其他身份。……因此,我必须协调暗含于我自己生平中的各种张力和矛盾。"(12页)然而值得注意的是,这种身份/认同的设定并不是为了排除"异己"("异"于自"己"的他者),而是为了更宽广的人道关怀,正如他在另一篇访谈录中所说的:"一方面你争取代表自己的权利,要有自己的民族性;但另一方面,除非这些是连接上更宽广的实践(也就是我所谓的解放),否则我是完全反对的。"[《美国知识分子与中东政治:萨义德访谈录》(*American Intellectuals and Middle East Politics:An Interview with Edward W. Said*),1988, p.52.]

萨义德的学术及个人生涯颇具特色。他是早期少数认识到欧陆理论的重要并率先引入美国学界的文学及文化学者。他所引介的包括现象学、存在主义、结构主义、后结构主义以及后殖民论述等等,也曾专文讨论过包括福柯(Michel Foucault,1926-1984,法国历史学家)在内的理论家与批评家,更把这些理论与批评融入并落实于特定作家、作品及专题的研究,而不局限于严格定义下的文学。因此,在从事人文学科的科际整合上扮演着重要角色。他在文学与文化研究上的突出表现,和结合文学/文化理论及文本分析的批评理念与策略密切相关。

第三世界的背景使他对于研究对象有着异乎英美学术主流的角度及关怀。例如,他的第一部著作《康拉德与自传小说》(*Joseph Conrad and the Fiction of Autobiography*,1966)系根据博士论文修订而成,讨论波兰裔英国作家康拉德的小说,内容结合了康拉德的生平、书信、中短篇小说,表面看来与主流的研究方式相似,然而在全书伊始萨义德写道:"他[康拉德]是位自觉的外国人,以异国的语言[英文其实是康拉德的第三语言]撰写隐晦的经验,而他太了解这一点了。"(4页)由此可见,他之所以对康拉德感兴趣,除了作品本身的文学价值之外,类似的流亡、移民、归化、书写、创作、自传等因素也扮演了重要的角色。换言之,他的研究除了着重康拉德作品的美学特色之外,对于来自同属殖民地区的背景(波兰当时被俄国沙皇统治)而且以英文创作的相关经验也有着深刻的领会。康拉德作品中对于帝国主义与殖民主义的描写以及殖民者/被殖民者的再现(representations),成为萨义德恒久的兴趣以及重复讨论的主题。

正因为兴趣不局限于所谓的"纯粹"学术探讨，也反对任何形式的偶像崇拜（不管是学术的或宗教的、政治的），萨义德在第二本专著《开始：意图与方法》(Beginnings: Intention and Method, 1975)中深入探讨"源始"(origin)之不可能及"开始"的意义，主张没有神话/神化的、特权的、单一的"源始"，而是世俗的、人为的、不断重新检验的、复数的"开始"(xiii页)，这些"开始"不仅因应不同情境的需求而产生，而且是"产生意义的第一步"(5页)。因此，他反对任何形式的、独一无二的权威与崇拜，着重在不同历史情境、社会背景、文化环境、政治脉络下所开展的新意。在《世界・文本・批评家》中更拈出"世俗批评"(secular criticism)一词，强调批判意识的重要，以相对于崇拜权威、偶像的"宗教批评"(religious criticism)。这种批判意识以及对于"对立""对抗""对反""对位"的重视成为其论述的基调。在他心目中，"批评必须把自己设想成为了提升生命，本质上反对一切形式的暴政、宰制、虐待；批评的社会目标是为了促进人类自由而产生的非强制性的知识。"(29页)而知识分子的特色就是批评/批判，因此他以这句话结束《世俗批评》一文："从事批评和维持批判的立场是知识分子生命的重大方面。"(30页)

强调"对立""对抗""对反""对位"与萨义德身为美国名校的第三世界知识分子的背景息息相关；而他以著述批判西方主流社会对于东方的错误认知与宰制，并积极投入巴勒斯坦解放运动，正是这种理念的具体实践。学理的兴趣与亲身的体验（尤其已入籍美国在大学任教的巴勒斯坦知识分子的身份）使他特别重视再现的问题。他在号称中东研究的三部曲中——《东方学:西方对于东方的观念》[(Orientalism: Western Conceptions of the Orient, 1978)关于Orientalism一词译作东方主义或东方学,曾经发生过讨论。本书中在提及这本著作时,遵从中译本的译法:东方学;在作为一种对于东方的态度来讨论时,沿用译者的译法:东方主义]、《巴勒斯坦问题》(The Question of Palestine, 1979)、《报道伊斯兰:媒体与专家如何决定我们看待世界其他地方》(Covering Islam: How the Media and the Experts Determine How We See the Rest of the World, 1981)——深入探讨相关问题,从此声誉鹊起,影响力远超过学术圈,但也引起很大争议。

  这三本书的主要写作动机就是批判西方主流的学术及媒体对于所谓"东方"(主要是中东的伊斯兰教世界)的错误呈现,其中以第一本涉及面最广,第二本落实到巴勒斯坦的自决问题,第三本则讨论当代现象,尤其西方媒体。这些作品的研究范围广泛,从1798年(拿破仑入侵埃及起)到当代西方学者、作家、旅行家、媒体记者如何来认知、想象及建构东方:相对于西方所代表的文明、进步、开化、启蒙,东方则是野蛮、落后、未开化、待启蒙;或如萨义德所言:"东方是非理性的、堕落的、幼稚的、'不同的';因而西方是理性的、道德的、成熟的、'正常的'",而且西方以这种"宰制的架构来**围堵、再现**东方"(《东方学》,40页)。总之,此处知识与权力密切结合,学术与帝国主义互为表里(这里福柯的影响明显可见,但萨义德却有所转化),而西方之于东方便是启蒙者与待启蒙者,统治者与被统治者,简言之,就是主与奴的关系。这三部作品主要目的就是分析进而解构西方具有代表性的文学、历史、人类学等文本以及报章、杂志、电视等大众传播媒体所呈现的东方。

对于萨义德这几本书的反应很歧异,不少西方人士视萨义德为反西方、仇视西方的急先锋,但也有不少第三世界(尤其中东)人士以之为反对西方的论述,把萨义德和反西方主义、提倡部族主义画上等号。因此,余英时的两点提醒特别值得中文读者留意:"萨义德的'东方'主要指中东的阿拉伯世界,并不包括中国。……这是中国人引用'东方主义'的说词时首先必须注意的重要事实。另一应注意之点是萨义德虽然主张中东阿拉世界各族群建立自己的文化认同,以抵抗西方帝国主义的文化霸权,但他并不取狭隘的部落观点。相反地,他认为文化认同绝不等于排斥'非我族类'的文化。……总之,今天世界一切文化都是混合体,都杂有异质的、高度分殊的因子,没有一个文化是单一而纯粹的。"(《历史人物与文化危机》,12—13页)

在《东方学的重新省思》("Orientalism Reconsidered," 1985)一文,萨义德提到对于《东方学》的一些批评,并开宗明义地指出该书讨论的重要议题包括"其他文化、社会、历史的再现,权力与知识的关系,知识分子的角色……"(89页)。而在这本书出版十七年后的《〈东方学〉后语》("Orientalism, an Afrerword," 1995)一文,他更津津乐道其影响:"有关非洲学和印度学论述充满活力的研究,对于从属阶级历史(subaltern history)的分析,后殖民人类学、政治学、艺术史、文学批评、音乐学以及在女性主义和弱势论述广泛的新发展——我很高兴《东方学》经常能使这一切有所改变。"(44页)然而,他也不免悻悻然提到,连汉学研究都受此书影响[如哈佛大学的史华慈(Benjamin Schwartz),都有深思、诚恳的回应],但所谓的东方研究却依然故我。

在该文他还对别人指控他反西方的说法有所辩解,指出《东方学》是反本质论的(anti-essentialist,34页),认同其实是建构出来的(35—36页),反对东西对抗的刻板印象(38页),批评东西二分法之不当(39页),反对文化纯粹论,指出"文化是混杂的、异质的……不同的文化与文明是彼此相关的、相互依存的"(53页),因此对于亨廷顿(Samuel P. Huntington)的文化观(各文化间彼此隔绝)及文明冲突论大加挞伐(53页)。其实,在《认同·权威·自由:君主与旅人》中萨义德已左右开弓,批评美国大学里西方保守势力的反扑以及阿拉伯大学中的政治化倾向,认为是以单一国家/民族认同的落伍观念宰制了人生的复杂多样(11页)。如果单一的认同或身份观念已有如此大的后遗症,那么把世界区分为数个对立、冲突的文明的做法当然更值得非议。

我们从亨廷顿的近作《文明冲突与世界秩序的重建》(*The Clash of Civilizations and the Remaking of World Order*, 1996)更可清楚地看出,他将西方与其他(the West and the Rest)对立,把世界主要划分为基督教、伊斯兰教和儒家三种文明,强调文明之间的冲突,呼吁欧美(尤其美国)维持各方面的既有优势甚或既得利益。由这些论调可以看出,即使在资讯发达、跨国经济与文化密切交流而有"地球村"之称的今天,欧美世界的若干精英分子挟数世纪以来积聚的强大优势,依然以对抗的心态来面对世界其他(相对弱势的)地区与文明。而身为移民国度(美国)名校(哈佛大学)精英的亨廷顿,其观点的简化与谬误可从原书封面看出:以十字架代表欧美,新月代表伊斯兰世界,太极图代表儒家文化。

前已提及,萨义德的学术发展、认知与理论颇受当代欧陆理论启迪,如福柯对于知识与权力二者关系之探讨便是《东方学》的重大奥援。然而在引介、运用欧陆理论之余,他也有相当的批判,认为它们不够关注文学/文化与历史、社会、政治的相关性,对抗意识不够强烈,也未能化为积极的行动。因此,萨义德对于后现代主义(Post-Modernism)的诸多观点,尤其利奥塔(Jean-Francois Lyotard, 1924—1998)等人的论调(如"宏大叙事已不复存在"),颇不以为然,而以其心目中提倡自由、解放、平等、公义的后殖民主义(Post-Colonialism)与之抗衡。就此而言,巴勒斯坦的背景当然扮演重要角色,使他深切体认到欧美理论之不足。换言之,面对原先自己协助引入美国学界且成为主流的欧陆理论,他能够入乎其内、出乎其外。为了弥补这方面的欠缺,他乞灵于葛兰西(Antonio Gramsci)、范农(Frantz Fanon)、赛沙尔(Aimé Césaire)、詹姆斯(C. L. R. James)等批评家与实践者,以进行自己的抗争。而他的《东方学》也和范农、赛沙尔、詹姆斯等人的著作并列为弱势论述与后殖民论述的奠基文本。总之,他近二十年来的作品,包括晚近的《文化与帝国主义》(*Culture and Imperialism*, 1993),大抵依循这条路线。

萨义德在音乐上也颇有造诣(这点得自母亲的熏陶),并自1986年起为《国家》(*The Nation*)杂志撰写音乐专栏,在乐评中带入文化批判的观点。1989年5月在加州大学尔湾校区(University of California, Irvine)发表系列演讲时,他当场弹奏钢琴来佐证论点,展现多才多艺的一面[演讲结集出版为《音乐之阐发》(*Musical Elaborations*, 1991)一书]。而他个性的另一面则是勇于表达自己的观点。他的特立独行与勇敢无畏表现出他的人格力量。早在巴勒斯坦人仍坚决反对承认以色列时，他便主张予以承认并与之和谈；但在巴解组织领袖阿拉法特（Yasir Arafat）与以色列签署"奥斯陆原则宣言"［the Oslo Declaration of Principles（1993年9月13日）］时，萨义德认为该协定内容有如向以色列投降，漠视巴勒斯坦人的历史与现况，严重出卖巴勒斯坦人的权益，因此虽然举世普遍赞扬该协定。萨义德却严厉地批评，并与阿拉法特划清界限。作家拉什迪因为撰写《撒旦诗篇》（Salman Rushdie, The Satanic Verses, 1988）触怒伊朗的革命及宗教领袖霍梅尼（Ayatollah Khomeini）而被下达格杀令。萨义德坚持言论自由，公开声援、撰文支持拉什迪，甚至在开罗和约旦河西岸占领区的研讨会中依然直言不讳。而萨义德本人也因参与政治活动多次遭到死亡威胁。他告诉巴萨米安（David Barsamian），"我在半打的中东死亡名单之上"。对于这些死亡威胁他则说："不要太去想它们。……如果在意那种问题，最糟的情况就是什么事也做不了……我认为主要的就是坚持不懈，谨记自己的所言所行远比是否安危意义重大。"证诸他的行为，这绝非浮夸之词。阿马德（Eqbal Ahmad）在《笔与剑：萨义德访谈录》（The Pen and the Sword: Conversations with David Barsamian, 1994）的序言中特别提到有一次在贝鲁特露天用餐时，旁边发生枪战，其他人都赶忙走避，唯独萨义德依然谈笑风生，继续刚才的话题（8页）。他近年罹患白血病（leukemia，俗称血癌），虽然多次进出医院，但只要病情一控制住就教学、写作、演讲、旅行如故。访谈结尾问到病情时，他说："我试着不太去想未来。人总得继续下去。……我认为首要之战在于试着不要把它当作你每个清醒时刻的中心，把它摆在一边，努力处理手头上的工作。我觉得有许多要说、要写，我只是继续做那些。"（107

页)罹病之后他的出版反有加速的趋势,显示在面对恶疾时的因应之道:把握生命扮演知识分子的角色,著书立说,发挥影响。1997年8月在与译者交谈时,他提到目前除了为报章杂志撰稿外,正在写三本书:一本回忆录、一本有关歌剧的书以及一本讨论艺术家晚期风格的书。

其实,贯串萨义德学术与政治活动的可以说就是知识分子这个议题。长久以来他就对知识分子的议题深表关切,在《世界·文本·批评家》一书开头便对所谓的专业知识加以批判,并引用班达(Julien Benda, 1867—1956)之说(2页),结尾更期勉现代批评家勿失知识分子的本色(292页),这些在本书都得到进一步的阐扬。萨义德在许多文章及场合都对知识分子极为关切,成为作品中反复出现的主题,曾专文讨论,如《后殖民世界中的知识分子》("Intellectuals in the Post-Colonial World", 1986)和《第三世界知识分子与都会文化》("Third World Intellectuals and Metropolitan Culture", 1990),本书更是这些年来切身体验与深思熟虑的心得。

就本书而言,读者最感兴趣的大概就是萨义德这位身体力行的知识分子对于知识分子的见解。虽然他不鼓励读者以自传的方式来阅读本书(xii页,亦见本书30页),然而他的经验以及所扮演的角色却使人不由得把这本书当成"现身说法"。换言之,这本书不但是萨义德谈论知识分子(Said on the intellectual),也是萨义德身为知识分子(Said as an intellectual);更精确地说,是来自第三世界的巴勒斯坦、归化美国并在长春藤名校任教数十年的名学者萨义德,如何借着瑞思系列演讲(Reith Lectures)的机缘,把自己对于知识分子的见解通过大众传播媒体传达给英语世界。其中我们可以看到他多年关心的许多议题,如知识分子的角色、知识与权力的关系、再现的政治与伦理(the politics and ethics of representation)、人文主义的关怀、反对双重标准、坚持批判立场、强调文本(texts)与语境(contexts)的关系等。而萨义德的知识分子观本身就值得深入探讨。

本书原文名为"Representations of the Intellectual",再度显示了萨义德对于"再现"的重视。"Representation"一词有许多不同涵义[如修哈和斯坦在《反思欧洲中心论:多元文化论与媒体》中便提到宗教的、美学的、政治的、符号的四种(Ella Shohat and Robert Stam, *Unthinking Eurocentrism: Multiculturalism and the Media*, 1994, pp.182-183)]。在本书中"Representations"至少具有下列含义:知识分子为民喉舌,作为公理正义及弱势者/受迫害者的代表,即使面对艰难险阻也要向大众表明立场及见解;知识分子的言行举止也代表/再现自己的人格、学识与见地。对于许多读者而言,书中的另一重含义则是透过这些而代表/再现出的萨义德。由于中译难以兼顾这些含义,只得勉强译为《知识分子论》,取其中译可能衍生的另一些意思:"知识分子本身的论述"以及"有关知识分子的论述";就本书而言,更是"知识分子讨论知识分子的论述",而在此代表/再现中,其实更代表/再现了萨义德。对于长期关注知识分子这个议题并实践个人批判理念的萨义德而言,这是当时就这个议题的综述与反省;而对于曾撰写《旅行的理论》("Traveling Theory")一文、讨论理论在旅行、翻译、移植到另一语境后的境遇的萨义德而言,作品中译后的得失与转化应属意料中事,而此书在中文世界的"开始"、"旅行"与效应也值得进一步观察。

"翻译"除了"跨越边界",也是一种代表与再现——通过另一种语文来展现原文。为达到充分译介的效用,除了撰写绪论,去年10月本已备妥相关问题拟与萨义德进行访谈,但因对方忙碌及健康因素而未能实现,转而征得同意迻译1993年的访谈作为附录(详见附录二)。今年8月译者特地前往纽约。经过一些周折总算得以和萨义德进行一个多小时的访谈,内容除了他的心路历程、学术发展外,有不少问题环绕着"知识分子"的主题(详见附录一)。此外,为了让中文读者对于萨义德的著作有一通盘认识,特地搜集其全部专著并撰写书目提要,在此感谢陈东荣先生和廖炳惠先生在哈佛大学协助搜寻萨义德较为难觅的著作。为了方便中文读者,另亦特别缉制索引。中译力求信实、可读,在翻译与校对过程中多次修订,加入若干译注、译按(为求行文简洁,按语直接纳入括号中)及相关人士的生卒年,并蒙陈雪美小姐、赖维菁小姐、强勇杰先生提供许多资料及意见;在翻译过程中,李有成先生、何文敬先生、纪元文先生鼓励有加,谨此一并申谢。

一九九七年九月十六日
台北南港

序　言

瑞思系列演讲（Reith Lectures）自1948年由罗素（Bertrand Russell, 1872—1970）肇始，其间虽有几位美国人应邀发表演讲，如奥本海默（Robert Oppenheimer, 1904—1967）、加尔布雷思（John Kenneth Galbraith, 1908—　）*、瑟尔（John Searle, 1932—　），但在美国还找不到足以等量齐观的系列演讲。[1]我生长于阿拉伯世界，曾在广播中听过一些，印象特别深刻的就是1950年汤因比（Arnold Toynbee, 1889-1975, 英国历史学家）所发表的系列演讲。在当时的阿拉伯世界里，英国广播公司是我们生活中很重要的一部分；甚至现在类似"伦敦今天早晨表示"的用语在中东地区依然很普遍。使用这类说法时总是假定"伦敦"说的是真理。对于英国广播公司的这种看法是否只是殖民主义的遗绪，我不得而知；但是英国广播公司在英国国内外公众生活中所享有的地位非美国之音（Voice of America）那样的政府机构和包括有线电视新闻网［CNN（Cable News Network）］在内的美国电视网可比，这是不争的事实。原因之一就是：英国广播公司所播送的瑞思系列演讲和许多讨论会、纪录片这类节目，并不像官方核准的节目，而

---

* 加尔布雷思于2006年去世。——编者

是提供听众和观众一些场合，可以广泛接触到严肃且往往是精彩的题材。

因此，英国广播公司的安妮·温德（Anne Winder）提供我做1993年瑞思系列演讲的机会时，我备感荣幸。由于时程安排的问题，无法在惯常的一月时段进行，于是双方同意改到六月下旬。然而，几乎是打从1992年末英国广播公司宣布有关此次系列演讲的消息之后，就有人批评根本不该邀我主讲，批评的人虽然不多，但反对的声浪却持续不断。有人指控我积极参与争取巴勒斯坦人权利的战争，因此毫无资格登上任何严肃或尊贵的讲坛。这只是一连串明目张胆反知识、反理性论点的开始；反讽的是，所有这些批评反而支持了我系列演讲的主题：知识分子的公共角色是局外人、"业余者"、搅扰现状的人（outsider，"amateur，" and disturber of the status quo）。

这些批评其实透露出许多英国人对于知识分子的态度。当然新闻从业人员把这些态度归咎于英国大众，但是这类批评反复出现，多少代表了当前社会的一些看法。一位持同情立场的新闻从业人员在评论我的瑞思系列演讲主题是有关知识分子时表示，这是最"不像英国的"东西。一提到"知识分子"这个字眼，就让人想到"象牙塔""一丝讥笑"。已故的威廉斯（Raymond Williams, 1921—1988，文化研究的主要创始人）在《关键词》一书中便强调了这种令人沮丧的思考方式："一直到20世纪中叶，英文中的**知识分子**（intellectuals）、**知识主义**（intellectualism）、**知识阶层**（intelligentsia）主要用于负面，而这种用法显然依旧持续。"[2]

知识分子的重任之一就是努力破除限制人类思想和沟通的刻板印象（stereotypes）和化约式的类别（reductive

categories)。在发表这些演讲之前,我从来不知道自己遭受到哪些限制。抱怨我的新闻从业人员和评论者经常说。我是巴勒斯坦人,而大家都知道,那等于暴力、狂热、杀害犹太人。他们从未引用我的话,就认定那是众所周知的事。此外,《星期日电讯报》(The Sunday Telegraph)大声疾呼,把我描述成反西方分子,指控我的作品专把世界——尤其第三世界的所有罪恶都"怪罪给西方"。

他们似乎完全没有注意到我在一整系列的著作,包括《东方学》(Orientalism)和《文化与帝国主义》(Culture and Imperialism)中,真正所写的每一件事[在《文化与帝国主义》中。我犯了一个不可原谅的罪过。我对奥斯汀的长篇小说《曼斯菲尔德庄园》(Jane Austen,1775—1817,Mansfield Park)的赞扬不亚于她的其他作品,但在《文化与帝国主义》中却主张这部作品也和奴隶制度以及英国在西印度群岛安提瓜(Antigua)拥有的糖类栽培业有关——当然她特别提到这两件事。我的论点是:奥斯汀谈论英国和英国在海外属地所发生的事,她的20世纪读者和批评家也同样必须谈论这些,然而他们长久以来却只注意奥斯汀笔下的英国,而排除了英国在海外的属地]。类似"东方""西方"这些虚伪不实的建构,是我多本著作尝试奋战的对象,更别提受支配的种族(subject races)、东方人、雅利安人、黑人诸如此类种族主义式的本质(racialist essences)。我非但不鼓励受殖民主义蹂躏的国家那种受委屈的原始纯真之感,反而一再挑明类似这些神话式的抽象说法,以及这些说法所引发的众多责难的修辞(rhetorics of blame),其实都是谎言;各个文化彼此之间太过混合,其内容和历史互相依赖、掺杂,无法像外科手术般分割为东方和西方这样巨大的、大都为意识形态的对立情况(ideological oppositions)。

即使对于我的瑞思系列演讲的善意批评者——似乎真正了解我所说内容的评论者,也认定我对知识分子的社会角色的说法隐含了自传的讯息。他们问我:刘易斯(Wyndham Lewis, 1882—1957)、巴克礼(William Buckley, 1925—)者流的右翼知识分子如何?[3]为什么根据你的说法,每位知识分子都必须是左派?他们没注意到的是,(也许有些吊诡)我多次仰赖的班达是颇为右派的。[4]其实,这些演讲尝试把知识分了说成正是在公开表现上既无法预测,又无法逼压成某些口号、正统的党派路线或固定教条的那些人物。我尝试主张:不管个别知识分子的政党隶属、国家背景、主要效忠对象为何,都要固守有关人类苦难和迫害的真理标准。扭曲知识分子的公开表现莫过于见风使舵,噤若寒蝉,爱国大话以及反省的、自吹自擂的变节。

尝试固守普遍、单一的标准,这个主题在我对知识分子的说法中扮演着重要角色。更正确的说法也许是:我的主题是普遍性(universality)与地方特色(the local)、主观、此时此地之间的互动。在我写出讲稿之后,凯里(John Carey)的《知识分子与群众:文学知识阶层中的傲慢与偏见,一八八〇——一九三九》一书在美国印行,[5]这本书很有趣,而且我发现其大致悲观的研究发现与我的论点互补。根据凯里的研究,英国的知识分子,如吉辛(George Gissing, 1857—1903,英国小说家)、威尔斯(H. G. Wells, 1866—1946,英国科幻小说家)和刘易斯,厌恶近代大众社会的兴起,哀叹诸如"一般人"、郊区习俗、中产阶级品位这类事情;相反地,他们提倡一种自然的贵族气质、"较好的"往日时光、高级文化。对我而言，知识分子诉求的（而不是叱责的）大众应该尽可能宽广，因为大众是知识分子自然的诉求对象。知识分子面临的问题，与其像凯里所讨论的是整个大众社会，不如说是局内人、专家、小圈子、专业人士。根据权威的李普曼（Walter Lippmann，1889—1974，美国新闻评论家及政治专栏作家）本世纪早先所定义的模式，这些人塑造舆论，使之顺服，鼓励依赖一小撮高高在上、全知的掌权者。局内人促进特殊的利益，但知识分子应该质疑爱国的民族主义，集体的思考，以及阶级的、种族的或性别的特权意识。

"普遍性"意味着冒险以超越因既定的背景、语言、国籍所形成的想当然的观念，因为这些经常阻隔我们于他人的现实之外；它也意味着在外交和社会政策这类事务上，寻找并尝试支持人类行为的单一标准。因此，如果我们谴责敌人无故侵略之举，那么当我们的政府入侵更弱的一方时，同样应予谴责。知识分子没有定则可以知道该说什么或做什么；对于真正世俗的知识分子（the true secular intellectual）而言，也没有任何神祇可以崇拜并获得坚定不变的指引。

在这种情况下，社会领域不只歧异多样，而且很难协商。因此盖尔纳（Ernest Gellner）在《知识分子背叛之背叛》一文中谴责班达那种不加批判的柏拉图主义，该文结尾指出："我**这里**所说的是，小犯［知识分子的背叛］之罪的重任如此艰巨，其难处绝不是一种极为简单化的知识分子工作情况的模式所能让我们理解的。"[6]盖尔纳这种说法让我们不知所措，既不如班达那么清晰明了，也不如他所批评的萨特（Jean-Paul Sartre，1905-1980，法国存在主义哲学家、作家）那么勇敢，甚至不如宣称追随粗略的教条的人那么有用。盖尔纳这种空泛的警示，很像约翰逊（Paul Johnson，1928—　）对于所有知识分子的恶言以及极端愤世嫉俗的攻击（"随便在街头挑十个人，他们对于道德和政治事务所能提供的合理见解，至少不亚于知识阶层的代表性人物"[7]），导致如下的结论：没有知识分子这一行业，而这种欠缺值得庆祝。

我不同意这种看法，不只因为我们可以对那个行业提出一致的描述，而且因为与往昔相比，当今世界更充满了专业人士、专家、顾问，总之，更充满了**知识分子**，而这些人的主要角色就是以其心力提供权威，同时获取巨利。知识分子面对一套具体的选择，我在演讲中所要刻画的正是这些。首先当然就是这个观念：所有知识分子都向他们的阅听大众展示着（represent）什么，而在这么做时也向自己展示了自己。不管是学院人士、波西米亚式的放荡不羁的散文随笔作者，或国防部的顾问，都根据自认的观念或代表来行事：认为自己是为了报酬而提供"客观的"意见？或者相信自己教给学生的具有真理的价值？或者认为自己倡导的是怪异却前后一贯的观点？

我们都身处社会，都是国家的成员，该国具有自己的语言、传统、历史情境。知识分子服膺这些事实情况的程度如何？敌对的程度又如何？知识分子与体制（学院、教会、职业行会）以及世俗权势的关系亦复如此。在我们的时代，这些组织收编知识分子的情况已经到了异乎寻常的程度。结果就像欧文（Wilfred Owen，1893—1918）所说的："律法学者推挤所有的人/大喊效忠国家。"[8]因此，在我看来知识分子的主要责任就是从这些压力中寻求相对的独立。因而我把知识分子刻画成流亡者和边缘人(exile and marginal),业余者,对权势说真话的人。

实际发表瑞思系列演讲的优点及困难之一就是受限于30分钟的严格广播形式:一周一讲,连续六周。但是,你的确是直接向一大群活生生的听众说话,比知识分子和学院人士平常演讲的对象多得多。而且这个复杂、可以无穷无尽的主题,对我有个额外的负担:要尽可能准确、易懂、精简。在准备出版这些讲稿时,我大致维持原状,只是偶尔加个参考资料或例证,以便更能保存原本的临场感和必须的简洁,文中并没有真正的机会让我躲躲闪闪或以其他方式淡化、修订我的主要论点。

因此,一方面我不会添加什么来改变这里所提出的观念,另一方面希望这篇序言多少能提供一些背景。在强调知识分子的局外人角色时,我心目中所想的是:社会权威铺天盖地而来的强有力网络——媒体、政府、集团等——挤压、排除了达成任何改变的机会,使得个人在面对这种情况时经常感到实在无能为力。执意**不**隶属于这些权威,在许多方面是无法促成直接改变的,而且可悲的是,甚至经常被贬抑到目击者(witness)的角色,来见证这些恐怖,否则就无人记录。戴礼(Peter Dailey)晚近的文章很生动地记述了具有天赋的非裔美国散文家、小说家鲍德温(James Baldwin, 1924—1987),特别彰显了这种身为"目击者"的处境——其中的所有悲情和难以言宣的说服力。[9]

然而,正是类似鲍德温和马尔科姆·X(Malcolm X, 1925—1965,美国黑人领袖)这类人物所定义的工作,无疑地最影响到我自己对于知识分子意识的表现。吸引我的就是一种反对的精神(a spirit in opposition),而不是调适

（accommodation）的精神，因为知识分子生活的浪漫、兴趣及挑战在于对现况提出异议，面对为乏人代表的弱势团体奋斗的不公平处境。我在巴勒斯坦政治中的背景进一步强化了这种意识。西方和阿拉伯世界的贫富差距日益扩大，而为掌权的知识分子带来了一种沾沾自喜、无视于他物的情况，委实令人心惊。福山"历史的终结"的主张（Francis Fukuyama, the "end of history" thesis）和利奥塔"宏大叙事的消失"的说法（the "disappearance" of the "grand narratires"）风靡一时，但几年过去了，还有什么比这些更不吸引人、更不真实的呢？[10]同样的情况也适用于那些冥顽不化的实用主义者和现实主义者，这些人编造出世界新秩序（New World Order）或"文明的冲突"（"the clash of civilizations"）之类荒诞不经的虚构。[11]

我不希望遭到误解。知识分子不必是没有幽默感的抱怨者。对于乔姆斯基和维达尔（Gore Vidal, 1925—　，美国作家）这类受人推崇且活力洋溢的异议分子，上述说法大谬不然。无权无势的个人见证事物的悲惨状态，绝不是一种单调、乏味的活动。这包含了福柯所谓的"不屈不挠的博学"（"a relentless erudition"），搜寻另类的材料，发掘埋藏的文件，唤回已被遗忘（或放弃）的各类历史。这包含了一种戏剧感和起义感，善用一己罕有的发言机会，博取观者的注意，比对手更具有才智、更善于辩论。既没有职位要守护，又没有地盘要巩固、防卫的知识分子，具有某种根本上更令人不安的特质；因此，自我嘲讽（self-irony）多于自吹自擂，直言坦率多于吞吞吐吐。然而，不容回避的则是无可逃避的现实：知识分子的这种代表既不会使他们成为权贵的朋友，也不会为他们赢得官方的荣衔。这的的确确是一种寂寞的处境,但是总比凑在一起漠然处世的状况要好。

在此谨向英国广播公司的温德及其助理弗格森(Sarah Ferguson)致谢。温德女士身为此一系列演讲的制作人,全程机敏、睿智地引导我。若有任何缺失当然由我个人负全责。柯蒂(Frances Coady)以精巧明智的手法编辑文稿,本人至表感谢。纽约万神殿出版公司的温格(Shelley Wanger of Pantheon)协助编辑全稿,我在此表示谢意。我并要感谢好友、《瑞理坦评论》的编辑波立埃(Richard Poirier, *Raritan Review*)和《大街》的编辑斯坦(Jean Stein, *Grand Street*)对于这些讲稿的兴趣,并摘录发表。许多优秀的知识分子和好友的例证一直启迪、激励本书的实质内容,在此不一一列举,以免他们尴尬并引人侧目,然而有些名字则出现在讲稿本身,谨此向他们致敬,并感谢他们的休戚与共及教导。在准备这些讲稿的各个阶段承蒙伊士坦巴蒂博士(Zaineb lstrabadi)大力协助,在此表示谢意。

萨义德

纽约

1994年2月

注释

1　译注:瑞思(John Charles Walsham Reith, 1889—1971)于1922年担任英国广播公

司（British Broadcasting Corporation，简称BBC）总经理，自1927至1938年担任董事长，对英国广播业发展贡献良多；罗素是英国哲学家，分析哲学主要创始人，世界和平运动倡导者，1950年诺贝尔文学奖得主；奥本海默是美国物理学家，于二次大战期间为美国负责研制原子弹，后任原子能委员会总顾问委员会主席，因反对试制氢弹被解职；加尔布雷思是美国经济学家，驻印度大使（1961—1963），主张发展服务业及公共事业；瑟尔是美国分析哲学家。

2　威廉斯，《关键词：文化与社会词汇》[*Keywords：A Vocabulary of Culture and Society* （1976；rpt. New York：Oxford University Press，1985）]，p. 170.

3　译注：刘易斯是英国画家、作家和文艺评论家，创立漩涡画派；巴克礼是美国编辑和作家，是美国1950、1960年代最著名的保守人士之一。

4　译注：班达是法国评论家和小说家，是反浪漫主义运动的领导者，他指出让政治考量来扭曲知识判断是道德背叛。刘易斯便受其影响。

5　凯里，《知识分子与群众：文学知识阶层中的傲慢与偏见，1880—1939》[*The Intellectuals and the Masses：Pride and Prejudice Among the Literary Intelligentsia 1880-1939* （New York：St. Martin's Press，1993）]. （凯里系牛津学者，此书英国版（费伯）在1992年问世。——校注）

6　盖尔纳，《知识分子背叛之背叛》（"La trahison de la trahison des clers"），文收《知识分子的政治责任》[*The Political Responsibility of Intellectuals*, eds. Ian Maclean, Alan Montefiore and Peter Winch(Camabridge Cambridge University Press, 1990）], p. 27.

7　约翰逊，《知识分子》[*Intellectuals*（London：Weidenfeld and Nieoilson. 1988）], p. 342.

8　译注：欧文是英国诗人，作品表现对于残酷战争的愤怒和对战争牺牲者的哀怜，阵亡于第一次世界大战停战前夕。

9　戴礼，《吉米》（"Jimmy"），文刊《美国学人》[*The American Scholar* （Winter 1994）]，pp. 102–110.

10　译注：福山（1955—　）为日裔美籍学者，其《历史之终结与最后一人》（ *The End of History and the last Man* ）一书有中译本（李永炽译，台北：时报文化出版公司，1993）；利奥塔是法国哲学家、后现代理论家，其《后现代状况：关于知识的报告》（ *The Postmodern Condition：A Report on Knowledge* ）一书中译本由生活·读书·新知三联书店1997年出版。

11 译注:"世界新秩序"是美国前总统布什(Greorge H. W. Bush,1924—)于1991年海湾战争(Gulf War)后提出的国际政治主张;"文明的冲突"则是美国政治学家亨廷顿于1993年所提出的论点,原文刊于1993年夏季号《外交事务》(*Foreign Affairs*),主张将来可能产生三大文明(西方、伊斯兰世界、儒家社会)之间的冲突,该文中译及相关讨论参阅《二十一世纪》(1993年10月号及12月号)。亨廷顿之《文明冲突与世界秩序的重建》一书有中译本(黄裕美译;台北:联经出版事业公司,1997年。北京:新华出版社,1998年)。

第一章　知识分子的代表

知识分子究竟为数众多,或只是一群极少数的精英？20世纪对于知识分子最著名的两个描述,就这一点基本上是对立的。第一个描述来自葛兰西。葛兰西是意大利的马克思主义者、行动派、新闻从业人员、杰出的政治哲学家,于1926年至1937年间被墨索里尼（Benito Mussolini, 1883—1945）下狱囚禁。他在《狱中札记》写道:"因此我们可以说所有的人都是知识分子,但并不是所有的人在社会中都具有知识分子的作用。"[1]葛兰西自己的生涯就示范了他所认定的知识分子的角色:他接受过历史语言学的专业训练,既是意大利工人阶级运动的组织者,而且在自己从事的新闻业中也是最具反省意识的社会分析家,他的目标不只要造成社会运动,而且要塑造与此运动相关的整个文化形成（cultural formation）。

葛兰西试着显示,在社会中履行知识分子作用的人可以分为两类:第一类是传统的知识分子（traditional intellectuals）,例如老师、教士、行政官吏,这类人代代从事相同的工作;第二类是有机的知识分子（organic intellectuals）,在葛兰西眼中,这类人与阶级或企业直接相关,而这些阶级或企业运用知识分子来组织利益,赢得更多的权力,获取更多的控制。因此,葛兰西对于有机的知识分子有如下的说法:"资本主义的企业主在创造自己的同时,也创造出了工业技术人员、政治经济专家、新文化的组织者、新法律系统的组织者,等等。"[2]今天的广告或公关专家,设计各种技术来为某家清洁剂公司或航空公司赢取更多的市场,根据葛兰西的说法,这些人可以被视为有机的知识分子,因为他们在民主社会中试着获取潜在顾客的首肯、赢得赞同、引导消费者或选民的意见。葛兰西相信有机的知识分子主动参与社会,也就是说,他们一直努力去改变众人的心意、拓展市场;老师和教士似乎多多少少停留原处,年复一年从事同样的工作,而有机的知识分子则一直在行动,在发展壮大。

另一个极端则是班达对于知识分子著名的定义:知识分子是一小群才智出众、道德高超的哲学家—国王(philosopherkings),他们构成人类的良心。班达流传后世的论著《知识分子之背叛》(La trahison des clercs)与其说是有系统地分析知识分子的生活,不如说是猛烈抨击放弃了职守、妥协了原则的知识分子,然而他的确提到了少数人名以及他认为是真正的知识分子的主要特质。他经常提到苏格拉底和耶稣,较近的典范则是斯宾诺莎(Benedict de Spinoza,1632—1677)、伏尔泰(Jean FrancoisArouet Voltaire,1694—1778)、勒南(Ernest Renan,1823—1892)。[3]真正的知识分子形成了一个知识阶层(clerisy),的确是稀有罕见之人,因为他们支持、维护的正是**不属于这个世界的真理与正义的永恒标准**。因此,班达对这些人用上了宗教术语——神职人员(clerics),其地位和表现的突出一直与世俗之人形成对比,因为凡夫俗子感兴趣的是物质的利益,个人的晋升,而且可能的话,与世俗的权势保持密切关系。他说,真正的知识分子"他们的活动本质上不是追求实用的目的,而是在艺术、科学或形而上的思索中寻求乐趣,简言之,就是乐于寻求拥有非物质方面的利益,因此以某种方式说:'我的国度不属于这世界'"(语出《新约·约翰福音》十八章三十六节)。⁴

然而,班达所举的例子显示他并不支持这种观念:完全抽离的、超乎世俗的、象牙塔里的思想家,极为孤立并献身于深奥,甚至可能是玄奥的题材。真正的知识分子在受到形而上的热情以及正义、真理的超然无私的原则感召时,叱责腐败、保卫弱者、反抗不完美的或压迫的权威,这才是他们的本色。他说:"需要我举出费内隆(François de Salignac de la Mothe Fénelon, 1651—1715)和马悉降(Jean-Baptiste Massillon, 1663—1742)如何叱责路易十四的某些战争的事例吗?⁵伏尔泰如何谴责巴列丁奈特(the Palatinate,德国莱茵河西岸一地区,昔为德意志帝国内之一国)的毁灭?勒南如何叱责拿破仑的暴力?巴克尔(Henry Thomas Buckle, 1821—1862,英国历史学家)如何叱责英国对于法国革命的不容忍?以及在我们的时代,尼采(Friedrich Wilhelm Nietzsche, 1844—1900)如何叱责日耳曼对于法兰西的残暴?"⁶根据班达的看法,当今知识分子处境之难处在于他们已经把自己的道德权威让给了他所谓的"集体激情的组织"("the organization of collective passions")。这是个具有先见之明的词汇,其内容包括了宗派观念、群众情绪、民族主义的好勇斗狠、阶级利益等。班达写作的年代是1927年,远在大众媒体时代之前,但是他意识到对政府而言把那些知识分子充作仆役是多么重要的事:把知识分子召来不是为了领导大众,而是为了巩固政府的政策,发布文宣来打击官方的敌人,制造委婉圆滑的用语,而且更大规模地设立类似奥威尔式的新语（Orwellian Newspeak）那样的种种体系[译按：源出奥威尔所著小说《一九八四》，描写大洋国为统治方便，创造了一些新词汇，如思想犯罪（thoughtcrime）、双重思想（doublethink）等]，以体制的"权宜措施"或"国家荣誉"之名来掩盖真相。

　　班达对于知识分子背叛的悲叹。其力量不是来自他论辩的精微细致，也不是来自他那难以实行的绝对主义——他对于知识分子的使命有着毫不妥协的看法。根据班达的定义，真正的知识分子应该甘冒被烧死、放逐、钉死在十字架上的危险。他们是具有象征性的人物，其特征在于坚决远离现实的关注。像这样的人数量必然不多，也无法以例行的方式培育出来。他们必须是具有坚强人格的彻彻底底的个人，尤其必须是处于几乎永远反对现状的状态：基于上述种种理由，班达的知识分子不可避免地是一群少数、耀眼的人——他从未把女人算在内——这些人由高处向芸芸众生发出洪亮的声音和无礼的叱责。班达从未暗示这些人是如何知道真理的，也未说明他们对于永恒原则的炫目见解是否可能像堂·吉诃德（Don Quixote）的见识一般，充其量不过是私人的幻想。

　　但是至少我心中毫不怀疑，班达大致构思出之真正知识分子的形象依然具有吸引力及信服力。他的许多正、反面的例证都具说服力：例如，伏尔泰为卡拉家族（the Calas family）公开辩护。或者——相反的一端——像巴雷斯（Maurice Barrès, 1862—1923）这类法国作家骇人听闻的民族主义，班达认为这类作家以法国国家荣誉之名，遂行一种"粗暴、轻蔑的浪漫主义"。[7]班达在精神上受到德雷福斯事件（Dreyfus Affair）和第一次世界大战的塑造，这两个事件对于知识分子都是严格的考验；知识分子可以要么选择勇于发言反对反犹太人的军法不公和民族主义的狂热，要么如羔羊般顺服群众，拒绝为受到不公平判刑的犹太裔军官德雷福斯辩护，口中诵唱着侵略主义的口号，以激起反对所有德国事物的战争狂热。第二次世界大战后，班达重新出版他的书，这次增加了一连串对于知识分子的攻击，这些知识分子是和纳粹合作的人以及不加鉴别地热情拥抱共产党的人。[8]班达的作品基本上很保守，但在他战斗性的修辞深处却能找到这种知识分子的形象：特立独行的人，能向权势说真话的人，耿直、雄辩、极为勇敢及愤怒的个人，对他而言，不管世间权势如何庞大、壮观，都是可以批评、直截了当地责难的。

葛兰西把知识分子视为符合社会中一套特殊作用的人，这种社会分析远较班达的观点接近现实，尤其在20世纪末期，许多新兴行业印证了葛兰西的见识——广播员，学院专业人士，电脑分析师，体育运动和媒体律师，业务顾问，政策专家，政府顾问，特殊市场报告的作者，以及近代大众新闻业这一行本身。

今天，在与知识生产或分配相关的任何领域工作的每个人，都是葛兰西所定义的知识分子。在大多数工业化的西方社会里，所谓的知识工业（knowledge industries）以及与实际生产相关的工业，二者之间的比例朝着知识工业的方向激增。美国社会学家古德诺（Alvin W. Gouldner）几年前就说知识分子是新阶级，而掌理知识者现在很多已经取代了旧式的有产阶级。但古德诺也说，知识分子随着地位的晋升，也不再是向广大公众发言的人了；相反的，他们成为他所谓的一种批评话语义化（a culture of critical discourse）的成员。[9]每位知识分子,书籍的编辑和作者,军事战略家和国际律师,所说、所用的语言都变成专业的,可为相同领域的其他成员所使用,而专家与专家之间的共通语言是非专业人士大都难以理解的。

法国哲学家福柯也说,所谓普遍的知识分子(universal intellectual)——他心里想的也许是萨特——他们的地位已经被"特殊的"知识分子("specific" intellectual)所取代,[10] 这些特殊的知识分子在一个行业中工作,但无论如何都能运用他们的专长。这里,福柯特别想到的就是美国物理学家奥本海默:奥本海默在1942至1945年主持洛斯·阿拉莫斯(Los Alamos)原子弹计划时,离开了他的专业领域,后来成为美国科学事务中类似政委的角色。

知识分子的衍生甚至扩大到许多领域,在这些领域中知识分子已经成为被研究的对象。这些主张也许跟随葛兰西《狱中札记》率先提出的看法,几乎是首次把知识分子,而不是社会阶级,视为近代社会运作中的枢纽。只要把"的"字和"与"字加在"知识分子"一词之旁,几乎立刻就在我们眼前出现连篇累牍有关知识分子的研究,不但范围惊人,而且研究细致深入。现成可用的有数以千计有关知识分子的各种历史和社会学,以及有关知识分子与民族主义、权力、传统、革命等无穷无尽的研究。世界各地都有其知识分子,他们的每一个派系都被热烈地辩论、争议。近代史中的主要革命,知识分子无役不与;主要的反革命运动,知识分子也是无役不与。知识分子一直是运动的父母,当然也是子女,甚至是侄甥辈。

这里存在着一个危险:知识分子的风姿或形象可能消失于一大堆细枝末节中,而沦为只是社会潮流中的另一个专业人士或人物。我在这一系列演讲中的论点所视为理所当然的，就是原先葛兰西所主张而在20世纪末成为现实的情况，但我也坚持主张知识分子是社会中具有特定公共角色的个人，不能只化约为面孔模糊的专业人士，只从事她/他那一行的能干成员。我认为，对我来说主要的事实是，知识分子是具有能力"向"（to）公众以及"为"（for）公众来代表、具现、表明讯息、观点、态度、哲学或意见的个人。而且这个角色也有尖锐的一面，在扮演这个角色时必须意识到其处境就是公开提出令人尴尬的问题，对抗（而不是制造）正统与教条，不能轻易被政府或集团收编，其存在的理由就是代表所有那些惯常被遗忘或弃置不顾的人们和议题。知识分子这么做时根据的是普遍的原则：在涉及自由和正义时，全人类都有权期望从世间权势或国家中获得正当的行为标准；必须勇敢地指证、对抗任何有意无意地违犯这些标准的行为。

　　让我以自己为例来说明这一点：身为知识分子，我在观众或诉求对象之前提出我的关切，但这并不只关系着我如何发表它们，也关系着自己作为尝试促进自由、正义的理念的人士所代表的。我把这些形诸言辞或笔墨，是因为经过再三省思后这些是我所相信的，而且我也要说服别人接受这个观点。因此，这里就出现了个人世界与公共世界之间很复杂的混合——一方面是来自我的经验的个人的历史、价值、写作、立场，另一方面是这些如何进入社交世界，人们在其中辩论，决定有关战争、自由、正义之事。纯属个人的知识分子（a private intellectual）是不存在的，因为一旦形诸文字并且发表，就已经进入了公共世界。**仅仅是公共的知识分子（a public intellectual）**——个人只是作为某个理念、运动或立场的傀儡、发言人或象征——也是不存在的。总是存在着个人的变化和一己的感性,而这些使得知识分子所说或所写的具有意义。最不应该的就是知识分子讨好阅听大众;总括来说,知识分子一定要令人尴尬,处于对立,甚至造成不快。

总之,重要的是知识分子作为代表性的人物:在公开场合代表某种立场,不畏各种艰难险阻向他的公众作清楚有力的表述。我的论点是:知识分子是以代表艺术(the art of representing)为业的个人,不管那是演说、写作、教学或上电视。而那个行业之重要在于那是大众认可的,而且涉及奉献与冒险,勇敢与易遭攻击。我在阅读萨特或罗素的作品时,他们特殊的、个人的声音和风范给我留下的印象远超过他们的论点,因为他们为自己的信念而发言,不可能把他们误认为藉藉无名的公务员或小心翼翼的官僚。

在有关知识分子汗牛充栋的研究中,定义知识分子的不胜枚举,但对于他们的形象、特征、实际的介入和表现的评量却不足,而这些结合起来才构成每位真正的知识分子的命脉。柏林(Isaiah Berlin,1909-1997)对于19世纪的俄国作家曾有如下说法:他们的读者部分受到德国浪漫主义的影响,"意识到作家是站在公共的舞台上作证"。[11]就我看来,那种气质多少依然关系着近代知识分子的公共角色。那也就是为什么当我们忆起像萨特这样的知识分子时,记得的是个人的风格,甘冒重大的风险,以全然的努力、冒险、意志来讨论殖民主义、献身、社会冲突;这些说法激怒他的对手,鼓舞他的朋友,甚至事后回想起来也许会让自己觉得尴尬。我们读到他与波伏瓦(Simone de Beauvoir,1908—1986)的复杂关系,与加缪(Albert Camus,1913—1960)的争论,与热内(Jean Genet,

1910—1986)值得大书特书的交往时,我们把他放置(situate,这是萨特的用语)在他的环境中;[12]在这些环境中——就某种程度而言,正是因为这些环境——使得萨特成为萨特,而同样这一个人也反对法国介入阿尔及利亚和越南。这些复杂的情况非但没有妨碍或损及萨特作为知识分子的资格,反而使他所说的话有血有肉,具有张力,显露出他是一个会犯错的人,而不是令人乏味、说教的牧师。

我们若把近代的公共生活视为长篇小说或戏剧,而不是商业或社会学专著的素材,就最可能看出并了解知识分子如何成为代表——不只是代表某种秘密的或巨大的社会运动,而是代表他们独有的怪异,甚至暴戾的人生风格和社会表现。某些杰出的19世纪和20世纪初期的长篇小说——屠格涅夫的《父与子》[Ivan Sergeyevich Turgenev(1818—1883),*Fathers and Sons*]、福楼拜的《情感教育》[Gustave Flaubert(1821—1880),*Sentimental Education*]、乔伊斯的《一位年轻艺术家的画像》[James Joyce(1882—1941),*A Portrait of the Artist as a Young Man*]——其中所代表的社会现实因一位新角色、近代的年轻知识分子的突然出现而受到重大影响,甚至造成决定性的改变。除此之外我们找不到更早有关那种角色更好的描述。

屠格涅夫描绘的19世纪60年代外省的俄罗斯是田园式的,平静无事:有家业的年轻人继承父母的生活习惯,结婚,生儿育女,生活多多少少往前进展。在信奉无政府主义却又感情强烈的人物巴扎洛夫(Bazarov)闯进他们的生活之前,一直是如此。我们注意到他的第一件事就是他与父母断绝关系,而且巴扎洛夫与其说是为人子者,不如说更像是一种自我产生的角色,挑战惯例,抨击平凡庸俗、陈腔滥调,肯定表面看来理性、进步的科学的、不感情用事的新价值。屠格涅夫说,他拒绝把巴扎洛夫表现得甜美,而有意让他"粗鄙,不通人情,冷淡和简慢到残酷的地步"。巴扎洛夫嘲笑基尔沙诺夫(Kirsanov)家族,中年的父亲演奏舒伯特时,巴扎洛夫大声嘲笑。巴扎洛夫提倡德国唯物主义的科学观念:大自然对他而言不是神殿,而是工作室。他爱恋上安娜·谢尔盖叶夫娜(Anna Sergeyevna)时,她一方面被他吸引,但也觉得害怕:巴扎洛夫无拘无束、经常是无法无天的知识分子的能量,对她来说暗示着混乱。她曾说,跟巴扎洛夫在一块就像蹒跚行走于深渊的边缘。

这部长篇小说的美丽与悲情在于屠格涅夫暗示并描绘两者的水火不容:一边是受制于家庭、爱与孝心的传承、古老自然的做事方式的俄罗斯;一边则是像巴扎洛夫这样虚无主义的破坏力,他的生平不同于这部小说中的每个角色,似乎无法叙述。他突兀地出现,挑战,却被他所治疗的生病农夫感染,而又突兀地死亡。我们所记得的巴扎洛夫,是他的探索和深切的对抗性才智(confrontational intellect)所展现出的锲而不舍的力量;虽然屠格涅夫宣称他相信巴扎洛夫是自己最同情的角色,但甚至连他都因为巴扎洛夫毫无顾忌的知识分子的力量以及读者很困惑紊乱的反应而大惑不解,而且多少有些驻足不前。有些读者认为巴扎洛夫是对于青年的攻击;有些人称赞这个角色是真正的英雄;也有人认为他是危险人物。不管我们对于他这个人的感觉如何,《父与子》无法容纳巴扎洛夫作为叙事里的角色;他的朋友基尔沙诺夫家族,甚至他悲惨的年迈双亲,都继续过他们的生活,而身为知识分子的巴扎洛夫的专横与不驯,使他脱离了这个故事——他既不适于这个故事,又多少不适合被驯化。

乔伊斯笔下年轻的戴德勒斯(Stephen Dedalus)的情况甚至更明显。他的整个早年生涯是两股力量的拉锯戏:一边是教会、教书业、爱尔兰民族主义之类体制的诱惑,一边是他作为知识分子缓缓出现的顽固的自我,以魔鬼式的**我不效劳**(*non serviam*)为格言。狄恩(Seamus Deanc)对于乔伊斯《一位年轻艺术家的画像》有如下的精彩看法:这是"英文中第一部完完全全呈现热爱思索(a passion for thinking)的长篇小说"。[13] 狄更斯(Charles Dickens,1812—1870)、萨克雷(William Makepeace Thackeray,1811—1863)、奥斯丁·哈代(Thomas Hardy,1840—1928),甚至艾略特(George Eliot,1819—1880)等英国小说家的主人翁都不是这般以社会中的心灵生命(the life of the mind in society)为主要关怀的青年男女,而对年轻的戴德勒斯而言,"思索是体验世界的一种模式"。在戴德勒斯之前,英文小说里知识分子这一行只有"古怪的体现"——狄恩的这个说法很正确。但部分因为戴德勒斯是位年轻的外省人、殖民环境的产物,所以必须先发展出一种知识分子的抗拒意识(a resistant intellectual consciousness),才能成为艺术家。

他疏离任何意识形态的规划,因为这些规划的效应将会减损他的个性和他经常是很不愉快的人格;在小说结尾时,他对于家庭和芬尼亚组织成员(Fenians,1858年前后成立于纽约争取民族独立的爱尔兰反英秘密组织)的批判与疏离,并不亚于对任何意识形态的规划的批判与疏离。乔伊斯就像屠格涅夫一样,尖锐地呈现年轻知识分子和按部就班的人生二者之间的水火不容。开始时像个传统故事:年轻人在家庭中成长,然后上学、就读大学,后来化为戴德勒斯笔记中一连串简略的摘记。知识分子不愿驯服或适应于乏味的惯常行径。在这部小说最著名的言论中,戴德勒斯表达了知识分子的自由信条——虽然在表现这个宣言时乔伊斯用闹剧式的夸张之词来突出这位年轻人的自负:"我会告诉你我会做什么和不会做什么。我不会服侍我不再相信的东西,不管那是我的家、我的祖国或我的教会:我要尽可能自由地、完整地以某种生命或艺术的模式来表达自我,用我容许自己使用的仅有的武器——沉默、放逐、狡诈——来自我防卫。"

甚至在《尤利西斯》(*Ulysses*)中,我们所看到的戴德勒斯都只是个倔强、矛盾的年轻人。他的信条中最惊人的就是肯定知识分子的自由。这在知识分子的表现上是件大事,因为以小气鬼和专扫人兴的人作为目标并不足为训。知识分子活动的目的是为了增进人类的自由和知识。尽管当代法国哲学家利奥塔一再声称,与先前的"近代"相关的"解放与启蒙的宏大叙事"(grand narratives of emancipation and enlightenment)这类雄心壮志在后现代的时代里已不再通行,但我相信上述对于知识分子的看法依然成立。根据后现代的看法,宏大叙事被具有地方特色的情境(local situations)和语言游戏(language games)所取代:后现代的知识分子现在看重的是能力(competence),而不是像真理或自由这类的普遍价值。我一直认为利奥塔和他的追随者是在承认自己的怠惰无能,甚至可能是冷漠,而不是正确评估即使在后现代主义的情况下,知识分子依然有着许许多多的机会。因为,事实上政府依然明目张胆地欺压人民,严重的司法不公依然发生,权势对于知识分子的收编与纳入依然有效地将他们消音,而知识分子偏离行规的情形依然屡见不鲜。

在《情感教育》中,福楼拜比任何人都表达出对于知识分子更大的失望,因而提出更无情的批判。福楼拜的长篇小说背景是在1848至1851年动荡不安的巴黎,著名的英国历史家纳米尔(Lewis Namier, 1888-1960)把这个时代描述成知识分子的革命。小说中呈现的是"19世纪首都"波西米亚式的生活和政治生活的广泛全景。小说的中心人物是两个年轻的外地人摩罗(Frédéric Moreau)和德思拉利尔(Charles Deslauriers),这两位花花公子的行径表现出福楼拜对他们的愤怒:愤怒于他们不能维持知识分子的常轨。福楼拜对他们的许多叱责也许来自对他们应有的作为期望过高。结果是对随波逐流的知识分子最精彩的再现。这两个年轻人开始时以公众福祉为目标,有可能成为法学家、批评家、历史家、作家、哲学家、社会理论家。然而,摩罗的下场是"知识分子的雄心壮志消沉。岁月流逝,他忍受心灵的怠惰和情感的迟钝"。德思拉利尔则成为"阿尔及利亚的殖民官吏,高级官员的秘书,报社经理,广告代理商……目前受雇担任一家产业公司的律师"。

1848年的失败对福楼拜而言是他那一代的失败。作家似乎有先见之明,把摩罗和德思拉利尔的命运描绘成因为个人意志不能集中,以及近代社会需索的代价——近代社会中有无穷无尽让人分心的事,纷至沓来的各式享乐,尤其是新闻业、广告业的出现,使人一夕成名,又有着不断流通的场所,在这个场所中所有观念都可以行销,所有价值都可以改变,所有职业都被贬为追求急功近利。因此,小说的主要场景以象征的方式环绕着赛马,在咖啡馆和妓院跳舞,暴动,游行,公共集会,摩罗无休无止地试图在其中获得爱情和知识的成就,却又都不断被引开以致无法达成。

巴扎洛夫、戴德勒斯和摩罗当然是极端,但他们的确起到了作用,这是19世纪全景式的写实主义长篇小说(panoramic realistic novels)的独特之处,为我们展示行动中的知识分子被许多艰难和诱惑包围,不是坚持就是背叛了他们的职守,故事中呈现的不是从技术手册里可以一劳永逸就学得的固定职责,而是一直遭受近代人生威胁的具体经验。知识分子的代表,他们向社会宣扬的理念或观念,并不意味主要为了强化自我或颂扬地位,亦非有意服侍有权势的官僚机构和慷慨的雇主。知识分子的代表是在**行动本身**,依赖的是一种意识,一种怀疑、投注、不断献身于理性探究和道德判断的意识;而这使得个人被记录在案并无所遁形。知道如何善用语言,知道何时以语言介入,是知识分子行动的两个必要特色。

但是,今天的知识分子代表什么?我认为这个问题最佳、最诚实的答案之一来自美国社会学家米尔斯(C·Wright Mills)。米尔斯是位特立独行的知识分子,具有热切的社会远见及杰出的沟通能力,能以直截了当、扣人心弦的散文传达自己的观念。1944年他写道,独立的知识分子不是怀着沮丧的无力感面对边缘地位,就是选择加入体制、集团或政府的行列,成为为数不多的圈内人,这些圈内人不负责任、自行其是地作重要的决定。成为资讯工业"雇用的"人员也不是解决之道,因为以这种方式不可能建立起像潘恩(Thomas Paine, 1737—1809)和他的读者那样的关系。总之,知识分子的谋生处世的手段在于"有效沟通的方式",而这在当前的情况下却

被剥夺了,使得独立的思想家只剩下一个主要的职责。米尔斯的说法如下:

> 只有少数人依然有足够能力抗拒、防止刻板印象和真正活生生事物的逝去,而独立的艺术家和知识分子正属于这群人。近代传播工具〔即近代的代表/再现系统(modern systems of representation)〕以见解和才智的刻板印象吞没了我们,因此新鲜的感受现在包含了有能力持续地揭穿、粉碎那些刻板印象。这些大众艺术和大众思考的世界越来越迎合政治的要求。那也就是为什么知识分子的团结和努力必须集中于政治。如果思想家不涉及政治斗争中的真理价值,就不能负责地处理活生生的整体经验。[14]

这段文字值得一读再读,其中充满了重要的指标和强调。到处都是政治,我们无法遁入纯粹的艺术和思想的领域,也因而无法遁入超然无私的客观性(disinterested objectivity)或超验的理论(transcendental theory)的领域。知识分子**属于**他们的时代,被资讯或媒体工业所具体呈现的大众政治的代表簇拥同行;越来越有力的媒体流通着形象、官方叙述、权威说法(不只是媒体,而且是要保持现状的整个思潮,使事情维持于现实上可被接受、批准的范围内),而知识分子只有借着驳斥这些形象、官方叙述、权威说法,借着提供米尔斯所谓的揭穿(unmaskings)或另类版本(alternative versions),竭尽一己之力尝试诉说真话,才能加以抵抗。

这绝非易事:知识分子总是处于孤寂与结盟之间。在最近针对伊拉克的海湾战争中,要提醒美国公民说自己的国家不是清白或超然的势力(政策制定者轻易遗忘了入侵越南和巴拿马的事)、美国只是自命的世界警察,是多么困难的一件事。但我相信这正是此时此刻知识分子的职责:挖掘出遗忘的事情,连接起被切断的事件,举述原来可以用来避免战争及随之而来的残杀的另类做法。

米尔斯的主要论点是大众与个人的对立。大组织的势力(从政府到集团)以及相对的弱势(不只是个人,而且包括了从属阶级、弱势者、少数民族和国家,地位较低或势力较弱的文化和种族),二者之间天生就有落差。在我心目中,知识分子无疑属于弱者、无人代表者的一边。有人会说就像罗宾汉(Robin Hood)一样。然而,知识分子的角色并不那么简单,因此不能以太浪漫的理想主义就轻易打发掉。根据我的定义,知识分子既不是调解者,也不是建立共识者,而是这样一个人:他或她全身投注于批评意识,不愿接受简单的处方、现成的陈腔滥调,或迎合讨好、与人方便地肯定权势者或传统者的说法或做法。不只是被动地不愿意,而是主动地愿意在公众场合这么说。

这并不总是要成为政府政策的批评者,而是把知识分子的职责想成是时时维持着警觉状态,永远不让似是而非的事物或约定俗成的观念带着走。这需要稳健的现实主义、斗士般的理性的活力以及复杂的奋斗,在一己的问题和公共领域中发表、发言的要求二者之间保持平衡——就是这个使得它成为一种恒久的努力,天生就不完整、必然是不完美。然而,它给予人的鼓舞激发和蕴含的错综复杂,至少对我而言,虽然并不使人特别受欢迎,却是因而更丰富。

注释

1. 葛兰西,《狱中札记》[*The Prison Notebooks*: *Selections*, trans.Quintin Hoare and Geoffrey Nowell-Smith(New York: International Publishers, 1971)], p. 9。

2. 前引书,4页。

3. 译注:斯宾诺莎是荷兰哲学家,唯理论的代表之一;伏尔泰是法国启蒙思想家、作家、哲学家;勒南是法国哲学家、历史学家,以历史观点研究宗教。

4. 班达,《知识分子之背叛》[*The Treason of the Intellectuals*, trans. Richard Aldington (1928; rpt.New York: Norton, 1969)], p.43。

5. 译注:费内隆是法国天主教大主教、作家、教育家,主张限制王权、教会脱离政府控制,为法王及教皇所贬斥;马悉隆是法国主教,他常被引用的名言就是在法王路易十四葬礼演讲的开场白:"只有上帝是伟大的。"("Dieu seul est grand.")

6. 班达,前引书,52页。

7. 1762年,一位新教徒商人(Jean Calas of Toulouse)因为被怀疑谋杀即将改信天主教的儿子而遭到审判,然后处决。此案的证据薄弱,然而造成仓卒判决的则是当时广为流行的信念:新教徒是狂热分子,对于要改变宗教信仰的任何其他新教徒干脆除之而后快。伏尔泰发起一项运动,成功地恢复了卡拉家族的名誉(但是我们现在知道他也捏造了证据)。巴雷斯强烈反对德雷福斯[Alfred Dreyfus, 1859—1935(译按:犹太裔法国军官,1894年被军事法庭以叛国罪判处终身监禁,掀起轩然大波,经重审后于1906年平反)]。这位典型的法西斯主义者,反智的19世纪末、20世纪初的法国小说家,倡议一种政治无意识的观念(a notion of the political unconscious),认为整个种族和国家会集体地具有观念和倾向。

8. 此书于1946年由格拉赛特(Bernard Grasset)重新出版。

9. 古德诺,《知识分子的未来与新阶级的兴起》[*The Future of Intellectuals and the Rise of the New Class* (New York: Seabury Press, 1979)], pp. 28-43。

10. 福柯,《权力/知识:访谈录与其他写作选集,1972—1977》[*Power/Knowledge*: *Selected Interviews and Other Witings* 1972—1977, ed. Colin Gordon (New York: Pantheon, 1980)], pp. 127-128。

11 柏林,《俄国思想家》[*Russian Thinkers*, eds. Henry Hardy and Aileen Kelly(New York:Viking Press, 1978)], p.129。

12 译注:波伏瓦是法国女权运动者、作家、存在主义的信徒;加缪是法国小说家、剧作家、评论家,1957年诺贝尔文学奖得主;热内是法国作家、荒诞派戏剧家。

13 狄恩,《凯尔特的复兴:近代爱尔兰文学论文集,1880—1890》[*Celtic Revivals: Essays in Modern Irish Literature* 1880–1980(London:Faber & Faber, 1985)], pp.75-76。

14 米尔斯,《权力、政治与人民:米尔斯论文集》[*Power, Politics, and People: The Collected Essays of C.wright Mills*, ed. Irving Louis Horowitz(New York:Ballantine, 1963)], p.299。

第二章　为民族与传统设限

班达的名著《知识分子之背叛》给人的印象是：知识分子存在于一种普遍性的空间，既不受限于民族的疆界，也不受限于族裔的认同。1927年时在班达看来，对知识分子感兴趣显然意味着只关切欧洲人（他赞许的对象中只有耶稣不是欧洲人）。

自那以来，世事巨变。首先，欧洲与西方为世界其他地方设定标准的这种角色已经遭到挑战。第二次世界大战之后，大殖民帝国的分崩离析削弱了欧洲的能力，使其不能再在知识上、政治上照耀以往所谓世界的黑暗地方。随着冷战的来临，第三世界的崛兴，以及联合国之存在所暗示（若不是所实现）的全球解放，非欧洲的国家与传统现在似乎值得严肃看待。

其次，旅行与通信不可思议的快速发展，创造出对于所谓"歧异"（difference）和"他性"（otherness）的新认知；用简单的话来说，这意味着如果谈起知识分子，就不能像以往那样泛泛而谈，因为法国的知识分子在风格与历史上完全不同于中国的知识分子。换言之，今天谈论知识分子也就是谈论这个主题在特定国家、宗教甚至大洲的不同情况，其中似乎每个都需要分别考量。例如，非洲的知识分子或阿拉伯的知识分子各自处于很特殊的历史语境，具有各自的问题、病征、成就与特质。

就某种程度而言,我们在看待知识分子的方式上这种窄化的焦点和地方化(localization)的现象,也来自专业化研究令人惊异的发展,这种发展理所当然地记录了知识分子在现代生活中逐渐扩张的角色。在西方大多数具有规模的大学或研究图书馆,我们可以查到数以千计有关不同国家知识分子的标题,其中任何一组都得经年累月才能精通。其次,当然知识分子也有许多不同的语言,像阿拉伯文或中文,标示出近代的知识分子话语和古老、通常是很丰富的传统之间很特别的关系。如果西方历史家尝试认真了解其他不同传统中的知识分子,也得花上多年的时间学习他们的语言。然而,尽管存在着这些歧异与他性,尽管对于知识分子的普遍性观念必然有所减损,但是有关个体知识分子(the individual intellectual)的一些普遍观念——这是我在此处的关怀——似乎不只限用于特定的地方。

这些观念中我首先要讨论的就是民族性(nationality)以及由此衍生的民族主义(nationalism)。近代的知识分子,不管是像乔姆斯基或罗素那样的大人物,或名声没有那么响亮的知识分子,没有一位是用世界语(Esperanto)写作的——这种世界语的设计不是为了属于全世界,就是为了不属于特定的国家和传统。每位知识分子都诞生在一种语言中,而且大都一辈子就活在那个语言中,那个语言成为他知识活动的主要媒介。语言当然一向具有民族性,如希腊文、法文、阿拉伯文、英文、德文等,虽然我在这里的主要论点之一是:知识分子应该使用一个民族的语言,不只是为了方便、熟悉这些明显的理由,也是因为个体的知识分子希望赋予那种语言一种特殊的声音、特别的腔调、一己的看法。

然而,知识分子特别的问题在于每个社会中的语言社群(language community)被已经存在的表现习惯所宰制,这些习惯的主要作用之一就是保持现状,并确保事情能够平稳、不变、不受挑战地进行。奥威尔在《政治与英文》[George Orwell (1903—1950),"Politics and the English Language"]一文中提出了令人信服的论点。他说:陈腔滥调,老旧的比喻,懒惰的书写,都是"语言堕落"(the decay of language)的事例。语言具有超级市场背景音乐的效用,当语言冲洗人的意识,诱使它被动地接受未经检证的观念和情绪时,结果便是心灵的麻木与被动。

奥威尔此文写于1946年,文中所关切的是蛊惑民心的政客逐渐侵蚀英国人的心灵。他说:"下列说法以不同情况适用于从保守党到无政府主义者的所有政党:政治语言是设计来使谎言听起来像是真话,谋杀像是正派行径,空气像是固体。"[1]然而,今天的问题比那更广大、更普遍,我们只要浏览今天语言趋向更广泛、更集体的形式便知分晓。以新闻业为例,在美国,一家报纸的范围和势力越大,声音就越权威、越与社群紧密认同,而这里的社群不只是一群职业作家和读者。一家通俗小报和《纽约时报》(New York Times)的差异在于《纽约时报》期许成为(而且经常被认为是)备案的全国性报纸,它的社论反映的不只是少数人士的意见,也被认为是整个国家所认知的真理。相对的,小报的设计是通过煽情的文章和抢眼的排版来攫取立即的注意。在《纽约时报》上刊登的任何文章都带有严肃的权威,暗示着长期的研究,缜密的思索,审慎的判断。社论中所用的"我们"当然直指编辑自己,但同时也暗示民族集体的认同,如"我们美国人"。海湾战争期间舆论讨论这项危机,特别是在电视上,但也在报章杂志上,认定了全国性的"我们"(national "we")的存在,记者、军方和市井小民都重复此用语,如"**我们**什么时候开始地面战争?"或"**我们是否有任何伤亡?**"

新闻业只是澄清并固定一国语言(如英文)的存在本身通常所暗示的意义,也就是民族的社群,民族的认同或自我。阿诺德在《文化与无政府状态》[Matthew Arnold(1822—1888), Culture and Anarchy(1869)]一书中甚至说国家是民族最好的自我,而民族文化所表达的是曾经说过或思考过的最佳事物。这些最好的自我和最好的思考绝非不证自明;阿诺德说,它们是"文化人"理应宣告和代表的。他似乎意味着我所谓的知识分子——那些知识分子的思考力与判断力使得他们适合代表最好的思考(即文化本身),并使之广为流传。阿诺德很明白地说出,这一切之所以发生不是为了个别的阶级或一小群人,而是为了整个社会。这就像近代的新闻业一样,知识分子的角色理应是协助民族的社群更感受到共同的认同感,而且是很崇高的感受。

阿诺德的主张底下潜藏着一种恐惧,害怕变得更民主之后,更多人要求投票权和自主权,社会将变得更难驾驭、更难治理。因此,知识分子不言而喻的需求就是使人民冷静,让人民知道最好的观念和最好的文学作品构成属于民族社群的方式,这也转而排除了阿诺德所谓的"为所欲为"。当时是19世纪60年代。

对20世纪20年代的班达而言,知识分子的危险在于太过遵从阿诺德的处置方式:知识分子在显示给法国人看法国的科学和文学多么伟大时,也教导公民隶属民族社群本身就是目的,尤其像法兰西这样伟大的民族。相反,班达倡议知识分子应该不再以集体式的热情来思考,而应该集中于超越的价值,普遍适用于所有国家和民族的价值。刚才说过,对班达而言这些价值理所当然是欧洲的,而不是印度或中国的。至于他所赞许的那种知识分子也是欧洲男人。

民族或其他种类的社群(如欧洲、非洲、西方、亚洲)具有共同的语言和一整套暗示及共有的特色、偏见、固定的思考习惯,我们似乎无从逃脱民族或社群在我们周围所设定的边界和藩篱。在公众的言词中,找不到比"英国人""阿拉伯人""美国人""非洲人"更普遍的用语了,其中每个用语暗示的不只是整个文化,而且是特定的心态。

今天在与伊斯兰世界打交道时情况正是如此。伊斯兰世界有十亿人,数十种不同的社会,六七种主要的语言(包括阿拉伯文、土耳其文、伊朗文),这些都散播到三分之一个地球上——但是英美的学院知识分子却只把它们称作"伊斯兰",这种说法不但太过化约,而且在我看来不负责任。他们借着单单一个字眼似乎就把伊斯兰当成一个简单的客体,对于上下1500年的伊斯兰历史提出概括的看法,大谈伊斯兰教与民主、伊斯兰教与人权、伊斯兰教与进步是否相容,并妄加论断。[2]

如果这些讨论单纯只是个别学者的意见,就像小说家乔治·艾略特笔下的卡苏朋先生(Mr. Casaubon,《米德尔马契》中人物)一样,寻找一把能开启所有神话的钥匙,那么人们可以弃如敝屣。但是这些讨论出现在美国主宰的西方联盟所提供的后冷战语境(post-Cold War context)中,而且当中已经出现一种共识:复苏的或原教旨主义的伊斯兰教已经取代共产主义,成为新的威胁。这里,集体的思考**并未**使得知识分子成为我所描述的质疑和存疑的个人心灵(这些个人代表的不是共识,而是以理性、道德和政治的立场,遑论方法论的立场,来怀疑这种共识),而是使得知识分子异口同声地回应盛行的政策观点,加速使其成为更集体的思考、越来越不理性的说法:"我们"遭到"他们"威胁。结果是不容忍和恐惧,而不是知识和共同体。

然而悲哀的是,要重复集体的套语实在是再容易不过了,因为只要是使用一种国语(国语是无可取代的),就会使人接纳手边最现成的事物,把人驱向有关"我们"和"他们"的那些陈腐用语和流行比喻,而这些是许许多多的机构,包括新闻业、学术专业等,为了方便大家理解而使之流行的。所有这些都是维持民族认同(national identity)的一部分。例如,觉得俄国人进逼,日本经济入侵,或好战的伊斯兰教国家挺进,这不只是体验集体的警讯,而且也巩固受到包围、岌岌可危的"我们的"认同。如何处理这个现象,是今日知识分子的主要问题。民族性这个事实是否使得个体的知识分子(个体的知识分子是我此处的重点所在)因为团结、与生俱来的忠诚、爱国主义而委诸公众的情绪?或者能提出更有利于知识分子的说法——此处的知识分子指的是有别于集体的异议者?

绝不把团结置于批评之上,这就是简洁的答案。知识分子总要有所抉择:不是站在较弱势、代表不足、被遗忘或忽视的一边,就是站在较强势的一边。这里应该提醒的是:国语本身不只是外在的客观存在,搁在那里待人使用,而且是必须被据用(appropriated for use)。例如,越战时的美国专栏作家使用"我们"或"我们的"这种字眼时,已经据用了中性的代名词,而有意使这些原先中性的代名词不是附属于入侵一个遥远的东南亚国家的罪行,就是附属于另一个困难得多的选择:附属于那些寂寞的异议之声,对这些人来说,美国的战争既不智又不义。这并不意味着为了反对而反对,但的确意味着质疑、区别、回忆在急急忙忙地求取集体判断和行动中所可能忽略或漠视的所有事情。至于群体或民族认同的共识,知识分子的职责就是显示群体不是自然或天赋的实体,而是被建构出、制造出,甚至在某些情况中是被捏造出的客体,这个客体的背后是一段奋斗与征服的历史,而时有去代表的必要。在美国,乔姆斯基和维达尔一直全力执行这项职责。

我所意指的最佳例证之一也可在伍尔芙《自己的房间》[Virginia Woolf(1882—1941),"A Room of One's Own"]一文找到,该文是近代女权主义知识分子的一篇关键文本。伍尔芙应邀发表一场有关女人和小说的演讲,她起先决定除了陈述结论之外(她的结论是女人如果要写小说,一定要有钱和自己的房间),必须为这项主张提出合理的论证,而这使得她经历如下的过程:"一个人只能显示自己是如何持有现在所持的任何意见。"伍尔芙说,除了直接说出真相之外,陈述自己的论证则是另一种选择方式,因为只要一涉及性,随之而来的很可能不是辩论而是争议:"只能由听众来观察演讲者的局限、偏见、癖好,给予听众自己下结论的机会。"这在战术上当然可以使人解除心防,但其中也有个人的风险。受伤的可能性和理性的论证,此二者的结合提供伍尔芙完美的开端,以进入她的主题:不是提供原文(*ipsissima verba*)的教条式声音,而是知识分子以完全适合当前工作的语言来代表被遗忘的"较柔弱的性别"。因此,《自己的房间》的效应是从伍尔芙所谓的父权体制的语言和权力中,分离出一种女人对于地方的新感受,这种新感受既是附属的,通常又隐而未现、很少被人想到。因此,伍尔芙写出那些精彩的章节,如隐藏手稿的奥斯汀,影响勃朗特(Charlotte Brontë)内心深处的愤怒,或者最令人印象深刻的是男性宰制的价值与女性次要、封闭的价值之间的关系。

伍尔芙描述,女人在提笔写作时,那些男性价值如何早已进驻其中。其实,她描写的也是个体的知识分子开始写作或说话时所存在的关系:总是已经存在着权力与影响的结构,已经宣告了的价值和观念的一长串历史,而且对知识分子来说最重要的就是,在那些结构和历史底下有着观念、价值以及(像伍尔芙所讨论的女作家那样)没有自己的房间的人们。正如本雅明(Walter Benjamin)所说的:"以胜利者姿态出现的人至今都在胜利的行列,在此行列中现今的统治者践踏过那些匍匐在地的人。"这种很戏剧性的历史观恰好与葛兰西的看法吻合;对葛兰西来说,社会现实本身被划分为统治者和被统治者。我认为,知识分子面对的主要选择是:要和胜利者与统治者的稳定结合在一起,还是选择更艰难的途径——认为那种稳定是一种危急状态,威胁着较不幸的人使其面临完全灭绝的危险,并考虑到屈从的经验(the experience of subordination)以及被遗忘的声音和人们的记忆。如本雅明所说的:"以历史的方式来宣告过去,并不意味着承认'过去的实况'……而是意味着当记忆[或存在]闪现于危险时刻之际掌握住它。"[3]

社会学家希尔斯(Edward Shils)为近代知识分子提供了一则经典式的定义:

> 每个社会中……都有一些人对于神圣的事物具有非

> 比寻常的敏感,对于他们宇宙的本质、对于掌理他们社会的规范具有非凡的反省力。在每个社会中都有少数人比周遭的寻常伙伴更探寻、更企求不限于日常生活当下的具体情境,希望经常接触到更广泛、在时空上更具久远意义的象征。在这少数人之中,有需要以口述和书写的论述、诗或立体感的表现、历史的回忆或书写、仪式的表演和崇拜的活动,来把这种内在的探求形之于外。穿越当下具体经验之屏幕的这种内在需求,标示了每个社会中知识分子的存在。[4]

这个定义部分是班达说法的重述(知识分子是类似神职人员的少数人),部分是一般的社会学描述。希尔斯后来又说:知识分子站在两个极端,不是反对盛行的准则,就是以某种基本上调和的方式存在着,以提供"公共生活中的秩序和延续"。我的意见是:这两种可能性中只有第一种(与盛行的准则争辩)才是真正近代知识分子的角色,原因在于宰制的准则现今与民族密切相关(因其上承民族之令),而民族一向唯我独尊,一向处于权威的地位,一向要求忠诚与服从,而不是伍尔芙和本雅明二人所说的那种知识的探究和重新检讨。

再者,当今许多文化中,知识分子对于希尔斯所谈到的广泛象征主要采取**质疑**的态度,而不是直接沟通。因此,已经从爱国主义的共识和默许转移到怀疑和争论。完美的发现与无限的机会确保建立起一个新共和国的美国例外论(American exceptionalism),并在发现新大陆500周年的1992年加以庆祝;对于赛尔(Kirkpatrick Sale)这样一位美国知识分子而言,上述的整个叙事漏洞百出,令人难以接受,因为摧毁早先事物状态的掠夺和种族屠杀的代价太高了。⁵一度奉为神圣的许多传统和价值现在看来既虚假伪善，又以种族为基础。美国许多大学校园里有关经典（canon）的辩论，尽管时而有些白痴式的叫嚣或愚昧的沾沾自喜，但透露出知识分子面对民族的象征、神圣的传统、崇高不可侵犯的观念时，其实他们的态度很不稳定。至于像伊斯兰教或中国那样的文化，具有它们传奇式的延续和很安全的基本象征，也有像谢里阿提、阿当尼斯、狄柏（Ali Shariati, Adonis, Kamal Abu Deeb）或"五四运动"的这类知识分子，扰动其庞伟的沉静、高高在上的传统。⁶

我认为这种情况在美、英、法、德等国也同样成立。那些国家晚近民族认同观念因其不足之处而受到公开批驳，参与争辩的不只是知识分子，也包括了切身相关的人士。现在欧洲有些移民社群来自以往的殖民地，而1800年至1950年间所建构的有关"法国""英国""德国"的观念全然把他们排除在外。此外，在所有这些国家中，新近活跃的女权主义及男子同性恋运动也对迄今一直规范着社会的父权准则及基本上男性的准则提出异议。在美国，越来越多的新移民以及声音越来越大、形象越来越醒目的原住民（这些被遗忘的印第安人，他们的土地遭到侵占，他们的环境不是被这个不断推进的共和国破坏殆尽，就是被完全转变），也在女性、非裔美国人、性取向的弱势团体的证词上添加了他们的证词，以挑战过去两个世纪来自新英格兰清教徒以及美国南方奴隶—农场主的传统。这些挑战所激起的回应就是一些诉求的重新出现，诉求于传统、爱国主义或如美国前副总统奎尔（Dan Quayle）所称的基本价值或家庭价值，所有这些都与过去有关；这个过去除非借着否认或多少贬低（套用赛沙尔的伟大说法）要在胜利大会师中寻找容身之地的那些人的活生生的经验,否则已经成了明日黄花。[7]

甚至在许多第三世界国家中,民族国家(national state)的现有势力和被锁在民族国家内却未有代表或被压迫的弱势者之间存在着嚣嚷的敌对状态,这提供给知识分子抵抗胜利者前进的真正机会。阿拉伯—伊斯兰教世界存在着更复杂的情况。在埃及和突尼斯这类国家,自从独立之后长久以来就为世俗的民族主义政党所统治,它们现在已经堕落成小圈子和小集团。这些国家突然被伊斯兰教团体所分裂。这些伊斯兰教团体的说法言之成理:他们受到被压迫者、都市穷人、乡村佃农的委托,而这些弱势者除了回复或重建伊斯兰教的过去之外,没有其他希望。许多人愿意为这些理念奋战至死。

伊斯兰教毕竟是个多数人的宗教,但是,只说"伊斯兰教就是道路"来抹煞大多数的异议与歧异——遑论对于伊斯兰教甚为歧异的诠释——我相信这并不是知识分子的角色。伊斯兰教毕竟是一种宗教和文化,而宗教和文化二者都是综合体,绝非大一统的。然而,由于伊斯兰教是大多数人的信仰和认同,所以知识分子绝非只是同声颂赞伊斯兰教,而是首先要在喧嚣中引进对于伊斯兰教的诠释,强调其复杂、非正统的性质——如叙利亚诗人、知识分子阿当尼斯所问的:是统治者的伊斯兰教,还是持不同意见的诗人和宗派的伊斯兰教?其次,要求伊斯兰教权威面对非伊斯兰教的少数、女性权利、现代性本身的种种挑战,给予人道的注意、诚实的重估,而不是教条式或准民粹式的颂赞。对于伊斯兰教知识分子而言,重点在于恢复个人的诠释(ijtihad),而不是如羔羊般温驯地屈从于具有政治野心、领袖魅力的宣传家('ulema)。

然而,知识分子一直受到忠诚这个问题的困扰和无情的挑战。我们所有人毫无例外地都属于某个民族、宗教或族裔社群，不管多么高声抗议，都无法超越联系个人与家庭、社群、（当然也包括）民族的有机关系。对于冒现（emergent）且受困的团体，比方说今天的波斯尼亚人或巴勒斯坦人，觉得自己民族受到政治灭绝的威胁、有时受到生命灭绝的实际威胁，会使人献身、竭尽所能去保卫自己的民族或对抗民族的敌人。这当然是防卫性的民族主义（defensive nationalism）；但是，诚如范农分析阿尔及利亚对抗法国的解放战争最激烈时期（1954-1962年）的情况所指出的，只是同声附和政党及领袖所体现的反殖民民族主义是不够的。即使在战事最激烈之际，有关目标的问题总是要求对不同的选择作出分析。我们奋战只是为了摆脱殖民主义（这是一个必要的目标）？还是考虑到最后一名白人警察离去时，我们要做什么？

根据范农的说法，当地知识分子的目标不能只是以当地警察取代白人警察，而是要创造新灵魂（the invention of new souls）——此词是他借自赛沙尔的。换言之，虽然在民族存亡的紧要关头，知识分子为了确保社群生存的所作所为具有无可估量的价值，但忠于团体的生存之战并不能因而使得知识分子失去其批判意识或减低批判意识的必要性，因为这些都该超越生存的问题，而到达政治解放的层次，批判领导阶级，提供另类选择（这些另类选择在身边的主要战事中，经常被视为无关而被边缘化或置于不顾）。即使在被压迫者中也有胜利者和失败者，而知识分子的忠诚必须不限于只是加入集体的行列迈进：在这方面，像印度的泰戈尔（Rabindranath Tagore, 1861—1941）或古巴的马蒂（Jose Martí, 1853—1895）那样伟大的知识分子都是典范，虽然他们一直是民族主义者，但绝不因为民族主义而减低他们的批评。[8]

在集体的必要性和知识分子联盟的问题之间的互动中,没有一个国家像近代日本那样问题丛生又混淆不清,以致酿成悲剧。1868年的明治维新恢复了君主,接着废除封建,并开始有意建立一个新的综合的意识形态。这不幸导致了法西斯式的军国主义和民族的浩劫,终致造成1945年日本帝国的溃败。历史学家格勒克(Carol Gluck)主张,尊王主义(*tennosei ideorogii*)是明治时期知识分子创造出来的,原先孕育于自卫心态甚至自卑感,但到了1915年已经成为羽翼丰厚的民族主义,能够同时从事极端的军国主义,崇敬天皇,以及本土主义,把个人置于国家之下。[9]它也贬低其他的种族,在1930年代假借指导民族(*shido minzeku*,日本人是领导的种族)之名,任意屠杀中国人。

知识分子在近代史上最羞耻的一章就是道尔(John Dower)所描述的,在第二次世界大战期间,日本和美国的知识分子先以挑衅、后以贬抑的方式,加入了国家和种族的彼此叫骂之战。[10]根据三好将夫(Masao Miyoshi)的说法,战后大多数的日本知识分子相信他们新任务的本质不只是拆解天皇或集体的意识形态,而且要建立自由的个人主义式的主体性(a liberal individualist subjectivity, *shutaisei*),有意与西方竞争,却又不幸注定成为"终极的消费主义式的空洞,只是以购买行为来肯定和重新确保个人"。然而,三好将夫提醒我们,战后知识分子对于主体性的重视也包括针对战争责任此一问题的发言,一如作家丸山真男(Masao Maruyama, 1914—)的作品有效地谈到由知识分子组成的"忏悔的社群"(community of penitence)。[11]

在黑暗时代,知识分子经常被同一民族的成员指望挺身代表、陈诉、见证那个民族的苦难。套用王尔德(Oscar wilde, 1854-1900,爱尔兰剧作家、诗人、小说家、批评家)描述自己的话来说,杰出的知识分子总是与自己的时代具有象征的关系:在公众意识中,他们代表成就、名声、荣誉,而这些都可用于持续不断的斗争或投入战斗的社群。反之,人们在批评一个社群的恶行时,杰出的知识分子也经常成为众矢之的,有时被社群内的派系归为错误的一边(这种情形在爱尔兰很普遍,此外冷战时期支持和反对共产党的人士拳来脚往时,这种情形在西方大都市也相当普遍),有时是其他团体动员起来发难。当然,王尔德觉得自己蒙受的是所有前卫思想家的罪愆,因为这些人敢于挑战中产阶级社会的准则。在我们这个时代,像伊利·威塞尔(Elie Wiesel,1928— ,美国犹太裔作家,1986年诺贝尔和平奖得主)这样的人则象征了在纳粹大屠杀中灭绝的600万犹太人的苦难。

除了这些极为重要的任务——代表自己民族的集体苦难,见证其艰辛,重新肯定其持久的存在,强化其记忆——之外,还得加上其他的,而我相信这些只有知识分子才有义务去完成。毕竟,许多小说家、画家、诗人,像曼佐尼(Alessandro Manzoni,1785—1873)、毕加索(Pablo Picasso,1881—1973)、聂鲁达(Pablo Neruda,1904—1973),已经在美学作品中体现了他们人民的历史经验,而且这些美学作品也被认为是伟人的杰作。[12]我相信,知识分子的重大责任在于明确地把危机普遍化,从更宽广的人类范围来理解特定的种族或民族所蒙受的苦难,把那个经验连接上其他人的苦难。

只是肯定一个民族被剥夺、迫害、屠杀、取消权利、否认政治存在,而不同时(像范农在阿尔及利亚战争时那样)把那些惨状与其他人的相似苦难相联系,这是不够的。这绝不意味失去历史的特殊性(historical specificity),而是防止在一个地方所吸取的受迫害的教训,可能在另一个地方或时间被遗忘或违犯。正因为你代表了你可能也经历过的自己民族的苦难,所以在自己民族现在可能把类似罪行施加到**他们的**受害者身上时,你也摆脱不了揭露的责任。

例如,南非的布尔人(Boers)曾视自己为英国帝国主义的受害者;但这意味着从布尔战争(Boer War, 1880—1902)的英国"侵略"下幸存的布尔人社群,在马兰(Daniel François Malan, 1874—1959)代表之下,觉得自己有权借着国民党(National Party)的教条来肯定自己的历史经验——然而这些教条后来却变成种族隔离政策。[13]知识分子总是很容易且经常落入辩解和自以为是的模式,对以自己族裔或国家社群之名所犯下的罪行视而不见。在紧急和危机的时候尤其如此,例如在福克兰战争(Falklands War,也称作马岛战争,福克兰群岛即马尔维纳斯群岛)或越战时要求团结起来支持国家,那时辩论战争是否正当被认为形同叛国。虽然那最会惹人反感,但知识分子仍须发言反对那种集群的习性,至于个人的利害得失则在所不计。

注释

1 奥威尔,《论文集》[*A Collection of Essays*(New York: Doubleday Anchor, 1954)], p. 177。

2　我在《东方学》(1978)、《报道伊斯兰》(1981)二书以及1993年11月21日发表于《纽约时报星期日杂志》(*New York Times Sunday Magazine*)的专文《虚假不实的伊斯兰威胁》("The Phoney Islamic Threat")中,都讨论了这种做法。

3　本雅明,《阐明》[*Illuminations*, ed. Hannah Arendt, trans. Harry Zohn(New York: Schocken Books, 1969)], p. 256, 255。

4　希尔斯,《知识分子与权势:比较分析的一些角度》("The Intellectuals and the Powers:Some Perspectives for Comparative Analysis"),文收《社会与历史之比较研究》[*Comparative Studies in Society and History*, Vol. 1(1958-1959)], pp. 5-22。

5　赛尔在《征服乐园:哥伦布及其遗产》[*The Conquest of Paradise:Christopher Columbus and the Columbian Legacy*(New York:Knopf, 1992)]一书中有力地铺陈这个看法。

6　1919年5月4日中国发生了学生运动,3000名学生聚集在天安门广场,抗议该年的巴黎和会允许日本在山东的特权,这是中国第一个学生抗议行动,成为20世纪其他全国性有组织的学生运动的开始。32名学生被捕,导致学生重新动员,要求政府释放被捕学生,并对山东问题采取强硬行动。学生运动受到中国新兴的企业阶级支持,致使政府镇压的企图失败,而新兴阶级之所以支持此项运动是因为他们受到日本竞争的威胁。参阅伊斯瑞尔,《中国的学生民族主义,1927—1937》[John Israel, *Student Nationalism in China*, *1927-1937*(Stanford:Stanford University Press, 1966)]。

7　赛沙尔,《诗集》[*The Collected Poetry*, trans. Clayton Eshelman and Annette Smith(Berkeley:University of California Press, 1983)], p. 72。

8　译注:泰戈尔是印度诗人、作家,1913年诺贝尔文学奖得主;马蒂是古巴诗人、作家,古巴独立革命的先驱,其文学影响遍及拉丁美洲和西班牙,于1895年阵亡。

9　参阅格勒克,《日本的近代神话:明治时代晚期的意识形态》[*Japan's Modern Myths:Ideology in the Late Meiji Period*(Princeton:Princeton University Press, 1985)]。

10　道尔,《无情的战争:太平洋战争中的种族与权力》[*War Without Mercy:Race and Power in the Pacific War*(New York:Pantheon, 1986)]。

11　三好将夫,《偏离中心:日本与美国的权力与文化关系》[*Off Cener:Power and*

Culture Relations Between Japan and the United States（Cambridge, Mass.：Harvard University Press，1991）], p. 125，108；丸山真男是战后的日本作家,也是日本帝国历史和天皇体制的主要批评者,曾任东京大学政治思想史教授,被誉为"政治学之神"。三好将夫把他描述成过于接受两方美学与知识的主导。

12 译注:曼佐尼是意大利诗人、小说家,19世纪意大利浪漫主义文学的代表;毕加索是西班牙画家、雕刻家,立体主义画派的主要代表;聂鲁达是智利诗人、外交官,1971年诺贝尔文学奖得主。

13 译注:布尔战争是英国和布尔人(荷兰移民后裔的南非人)的战争,前后两次,始于1880年,终于1902年;马兰曾任南非总理(1948—1954),1940年担任重新统一的国民党党魁,成立第一个全由南非白人组成的政府,实行种族隔离政策。

第三章　知识分子的流亡
——放逐者与边缘人

流亡是最悲惨的命运之一。在古代，流放是特别恐怖的惩罚，因为不只意味着远离家庭和熟悉的地方，多年漫无目的地游荡，而且意味着成为永远的流浪人，永远离乡背井，一直与环境冲突，对于过去难以释怀，对于现在和未来满怀悲苦。人们总是把流亡的观念和身为麻风病患、社会及道德上的贱民这些可怕的事联想到一块。在20世纪，流亡已经从针对特定个人所精心设计的、有时是专一的惩罚〔如伟大的古罗马诗人奥维德（Ovid, B. C. 43—A. D. 17）从罗马被远远流放到黑海边的小城〕，转变成针对整个社群和民族的残酷惩罚，而这经常由于像战争、饥荒、疾病这些非个人的力量无意中造成的结果。

亚美尼亚人就属于此类。亚美尼亚人是个杰出的民族，但经常流离失所。他们早先大量居住于地中海东岸〔尤其是在安那托利亚（Anatolia），即土耳其的亚洲部分〕，但在遭到土耳其人种族灭绝式的攻击后，蜂拥至贝鲁特、阿勒坡（Aleppo，位于叙利亚西北部）、耶路撒冷、开罗附近，然而在第二次世界大战后的革命动荡中再度被迫迁徙。长久以来我就对那些被放逐或流亡的大社群深感兴趣，他们就居住在我年轻时视野所及的巴勒斯坦和埃及。那里当然有许多亚美尼亚人，但也有犹太人、意大利人、希腊人。这些人一度定居于黎凡特（Levant，从希腊到埃及的地区，其中包括了叙利亚、黎巴嫩和巴勒斯坦），并在那里打下富庶的根基，培育出像贾贝斯、安卡瑞提、卡瓦菲（Edmond Jabès, Giuseppe Ungaretti, Constantine Cavafy）这样的杰出作家。[1]但在1948年以色列建国、1956年苏伊士战争后，这些富庶的根基遭到野蛮的摧残。对于埃及和伊拉克的新民族主义政府以及其他的阿拉伯世界来说，象征着欧洲战后帝国主义的新侵略的外国人被迫离去；而对于许多古老社群来说，这是特别难受的命运。有些适应了新的居住地，但许多可说是再度流亡。

有一种风行但完全错误的认定：流亡是被完全切断，孤立无望地与原乡之地分离。但愿那种外科手术式、一刀两断的划分方式是真的，因为这么一来你知道遗留在后面的东西就某种意义而言是不可想象的、完全无法恢复的。这种认知至少可以提供些许的慰藉。事实上，对大多数流亡者来说，难处不只是在于被迫离开家乡，而是在当今世界中，生活里的许多东西都在提醒：你是在流亡，你的家乡其实并非那么遥远，当代生活的正常交通使你对故乡一直可望而不可即。因此，流亡者存在于一种中间状态，既非完全与新环境合一，也未完全与旧环境分离，而是处于若即若离的困境，一方面怀乡而感伤，一方面又是巧妙的模仿者或秘密的流浪人。精于生存之道成为必要的措施，但其危险却在过于安逸，因而要一直防范过于安逸这种威胁。

奈保尔的长篇小说《河湾》（V. S. Naipaul, *A Bend in the River*）中的主角沙利姆（Salim）就是现代流亡知识分子的一则动人例子。他是祖籍印度的东非伊斯兰教徒，离开海岸，旅行到非洲内陆,在一个新国家中历尽苦难仅以身免,小说中的新国家以蒙博托(Moburu Sese Seko,1930—1997)所建立的扎伊尔(Zaire)为原型。[2]奈保尔具有小说家非比寻常的敏感,能把沙利姆在"河湾"的生活描绘成类似无主的土地,前来这片土地的有担任顾问的欧洲知识分子(接续殖民时期带有理想主义色彩的传教士)以及雇佣兵、牟取暴利之徒、其他第三世界流离失所之人;沙利姆被迫居住其间,在越来越混乱的情势中逐渐丧失个人的财产与人格。小说结尾时——当然这是奈保尔引人争论的意识形态的论点——甚至连本地人在自己的国家都已经成了流亡者,而统治者"大人"的随兴之举荒谬不经,难以捉摸,奈保尔有意把他作为所有后殖民政权的象征。

第二次世界大战后那段期间,广泛的领土重新划分造成了大幅人口移动,例如在1947年印巴分治之后迁移到巴基斯坦的印度伊斯兰教徒,或在以色列建国时为了容纳来自欧洲、亚洲的犹太人而被大举驱散的巴勒斯坦人;而这些转变也造成了混杂的政治形式。在以色列的政治生活中,不仅存在着犹太人大流散的政治(politics of the Jewish diaspora),也夹杂着与之竞逐的巴勒斯坦人的流亡政治(politics of the Palestinian people in exile)。在巴基斯坦和以色列这些新建立的国家中,晚近的移民被视为人口交换的一部分,但在政治上他们也被视为以往被压迫的少数人而现在能以多数人的身份居住在自己的新国家。然而,新国家的划分和分离主义的意识形态非但没有解决宗派的争议,反而使之重新燃起,并且经常越演越烈。我在这里谈的主要是大都未获接纳的流亡者,像是巴勒斯坦人、欧洲大陆的伊斯兰教新移民,或英国的西印度黑人、非洲黑人;这些人的存在使得他们居住的新社会原先认定的单一性更形复杂。因此,以为自己是影响流落异地的民族社群的大局之一分子的知识分子,可能不是同化和适应之源,反而成为动荡不安之源。

这绝不是说流亡者不会产生适应的奇迹。今天美国独特之处在于近来的总统行政体系中有两位高层官员曾是流亡的知识分子(根据观察者的不同角度,可能现在依然是流亡的知识分子):基辛格(Henry Kissinger,1923—)来自纳粹统治下的德国,布热津斯基(Zbigniew K. Brzezinski,1928—)来自共产党统治下的波兰。[3]此外,基辛格是犹太裔,这使得他处于极怪异的处境,因为根据以色列的"回归基本法"(Basic Law of Return),他有资格移民以色列。然而,基辛格和布热津斯基二人至少表面上看来完全把才智奉献给他们移居的国家,结果他们的名声、物质上的收获,在美国及全世界的影响力,比起居住在欧洲或美国的身处边缘、默默无闻的第三世界流亡知识分子,真是不可以道里计。这两位杰出的知识分子在美国政府服务了数十寒暑,现在成了一些公司和其他国家政府的顾问。

如果回想起其他流亡者,如托马斯·曼(Thomas Mann,1875-1955),把第二次世界大战的欧洲舞台认为是西方命运之战、西方灵魂之战,那么布热津斯基和基辛格也许在社会上就不会像人们所认定的那么特殊了。[4]在这场"好的战争"(good war)中,美国扮演拯救者的角色,也庇护了一代的学者、艺术家、科学家,这些人逃离西方的法西斯主义,前往新的西方**帝国**的中心。在人文和社会科学的学术领域中,有一大群极杰出的学者来到美国。他们中有的人,如罗曼语的历史语言学大家和比较文学大家史毕哲(Leo Spitzer, 1887—1960)及奥尔巴赫(Erich Auerbach, 1892—1957),以他们的才华和旧世界的经验丰富了美国的大学。其他如科学家泰勒(Edward Teller, 1908—)*和布劳恩(Wernher von Braun, 1914—1972)加入了冷战的行列,成为献身于武器和太空竞赛中赢过苏联的新美国人。战后这种关切笼罩一切,以致最近揭露出在社会科学中有地位的美国知识分子,设法争取以反共著称的前纳粹成员来美国工作,成为这场伟大圣战的一分子。

政治上骑墙(political trimming)这种很隐蔽的艺术(不采取明确立场却生存得很好的技术)以及知识分子如何适应新的或凸现的主宰势力,是我下两讲的主题。这里我要集中于相反的主题:因为流亡而不能适应,或者更中肯地说,不愿适应的知识分子,宁愿居于主流之外,抗拒,不被纳入,不被收编。但是,首先我得提出一些初步的论点。

其中之一就是流亡既是个**真实的**情境,就我的目标而言也是个**隐喻的**情境。这种说法的意思就是:我对于流亡的知识分子的诊断,来自本讲开始时有关流离失所和迁徙的社会史和政治史,但并不限于此。甚至一辈子完全是一个社会成员的知识分子都能分为所谓的圈内人(insiders)和圈外人(outsiders):一边是完全属于那个社会的人,在其中飞黄腾达,而没有感受到强烈的不合或异议,这些人可称为诺诺之人(yea-sayers);另一边则是谔谔之人(nay-sayers),这些个人与社会不合,因此就特权、权势、荣耀而言都是圈外人和流亡者。把知识分子设定为圈外人的模式,最能以流亡的情况加以

---

* 爱德华·泰勒于2003年去世。——编者

解说——永远处于不能完全适应的状态,总是觉得仿佛处于当地人居住的亲切、熟悉的世界之外,倾向于避免,甚至厌恶适应和民族利益的虚饰。对这个隐喻意义的知识分子而言,流亡就是无休无止,东奔西走,一直未能定下来。而且也使其他人定不下来。无法回到某个更早、也许更稳定的安适自在的状态;而且,可悲的是,永远无法完全抵达,永远无法与新家或新情境合而为一。

其次,作为流亡者的知识分子倾向于以不乐为荣,因而有一种近似消化不良的不满意,别别扭扭、难以相处,这种心态不但成为思考的方式,而且成为一种新的,也许是暂时的,安身立命的方式(我在表示这种看法时,甚至自己多少也吃了一惊)。知识分子也许类似怒气冲冲、最会骂人的瑟赛蒂斯(Thersites,荷马史诗《伊利亚特》中一位丑陋的希腊士兵,在特洛伊战争中嘲笑阿喀琉斯被杀)。我心目中伟大的历史典型就是18世纪的强有力人物斯威夫特(Jonathan Swik, 1667–1745),1714年托利党(the Tories)下野之后,他在英格兰的影响力和威望一蹶不振,流亡爱尔兰度其余生。[5]斯威夫特几乎是位尖酸刻薄、忿忿不平的传奇人物——他在自撰的墓志铭中说自己是**忿愤不乐**(saeve indignatio)——愤怒、不满于爱尔兰,却又为爱尔兰抵抗英国的暴政;他傲视群伦的爱尔兰作品《格列佛游记》(*Galliver's Travels*)和《布商的书信》(*The Drapier's Letters*),显示了这颗心灵从这种具有滋长效果的悲痛中生气勃勃地发展,更从中获益。

就某个程度而言,早期的奈保尔也是一位现代知识分子流亡者。这位散文家和旅游作家偶尔住在英国,但一直飘泊不定,重赴加勒比海和印度寻根,在殖民主义和后殖民主义的瓦砾堆中筛选,无休止地评断独立国家和新的真信者(new true believers)的幻想与残暴。

比奈保尔更严苛、意志更坚定的流亡者则是阿多诺(Theodor Wiesengrund Adorno,1903—1969)。[6]他是个令人生畏却又极具魅力的人物,对我来说,他是20世纪中叶具有主宰地位的知识分子的良心,终其一生都在与各种危险周旋、奋战——法西斯主义、共产主义、西方大众消费主义。奈保尔出入于第三世界的故乡;阿多诺则不同,他是彻头彻尾的欧洲人,完全由高等文化中最高等的成分塑造而成,包含了哲学、音乐[他是柏格(Alban Berg,1885—1935)和勋伯格(Arnold Schoenberg,1874—1951)的学生和崇拜者]、社会学、文学、历史、文化分析方面惊人的专业能力。[7]阿多诺有部分犹太背景,在20世纪30年代中期纳粹掌权之后不久便离开了祖国德国,起先到牛津研读哲学,写出了一本有关胡塞尔(Edmund Husserl,1859—1938)的极深奥难懂的书。[8]他在那里的生活似乎抑郁不乐,因为周围都是一些日常语言哲学家和实证主义哲学家,而他自己则是具有斯宾格勒式的忧郁和最典型黑格尔式的形而上辩证法的哲学家。后来返回德国一段时间,成为法兰克福大学社会研究所(the University of Frankfurt Institute of Social Research)的一员,但为了安全之故心不甘情不愿地逃往美国,起先住在纽约(1938—1941),之后住在南加州。

虽然阿多诺于1949年返回法兰克福,重任教授,但在美国的岁月永远为他盖上了流亡者的戳记。他厌恶爵士乐和所有的通俗文化,一点也不喜欢当地风景,似乎在生活方式上刻意维持他的保守风格;由于他所接受的教养是马克思—黑格尔的哲学传统,所以美国的电影、工业、日常生活习惯,以事实为根据的学习方式、实用主义,这些具有世界性影响力中的每一项都触怒了他。自然,阿多诺在来美国之前就很有成为形而上学流亡者(metaphysical exile)的倾向:已经极端批判在欧洲被当成是布尔乔亚的品位,例如他的音乐标准根据的是勋伯格出奇艰深的作品,并断言这些作品注定曲高和寡,知音难觅。阿多诺所表现出的悖论、反讽、无情的批判显示他是典型的知识分子,他同样地厌恶、痛恨**所有的**系统——不管是我们这一边的系统,或是他们那一边的系统。对他而言,人生最虚假的莫过于集体——他有一次说,整体总是虚假的——他接着说,这种情况更增加了下列事物的重要性:主观、个人意识、在全面受到掌理的社会中无法严密管制的事物。

但就在流亡美国时,阿多诺写出了他的伟大杰作《道德的最低限度》(*Minima Moralia*),此书由153个片段组成,于1953年出版,副标题为"残生省思"("Reflections from Damaged Life")。这本书的形式是片段式的、古怪得几近神秘,既不是前后连续的自传,也不是主题式的沉思,甚至也不是有系统的铺陈作者的世界观,使我们再次联想到屠格涅夫描写19世纪60年代中期俄国生活的长篇小说《父与子》中所呈现的巴扎洛夫的人生之奇特怪异。屠格涅夫在描写巴扎洛夫这位现代虚无主义的知识分子的原型时,并未交待叙事上的来龙去脉;他短暂地出现,然后就消失了。我们看到他短暂地与年迈的双亲共处,但显然有意与父母割离。我们依此可以推断,知识分子由于按照不同的准则生活,所以并没有故事,有的只是一种招致不安稳的效应(destabilizing effect）；他掀天动地，震撼人们，却无法以他的背景或交友来完全解释清楚。

屠格涅夫本人其实不谈这一点：他让整件事在我们眼前发生，仿佛说知识分子不只是与父母儿女区隔的人，而且他的人生模式、介入人生的程序必然是暗示的，只能以一串不连续的表现写实地再现。阿多诺的《道德的最低限度》似乎依循同样的逻辑——虽然写于奥斯威辛集中营（Auschwitz）、广岛、冷战的开始、美国胜利之后，然而相较于一百年前屠格涅夫笔下的巴扎洛夫，在诚实地再现知识分子这件事上则曲折蜿蜒得多。

阿多诺把知识分子再现成永恒的流亡者，以同样的灵巧来回避新与旧，其再现的核心在于写作风格——极端讲究且精雕细琢。最大的特色是片断、突兀、不连贯，没有情节或预定的秩序。代表了知识分子的意识在任何地方都不能平静，一直防范着来自成功的奉承、诱惑，这对有悖常情的阿多诺来说，意味着有意尝试不轻易立即为人所了解。另一方面，也不可能撤退到完全私己的领域，因为就像阿多诺晚期所说的，知识分子的希望不是对世界有影响，而是某天、某地、某人能完全了解他写作的原意。

其中一个片段——《道德的最低限度》第18节——完美地掌握了流亡者的意义。阿多诺说："严格说来，在当今居住是不可能的。我们以往成长的传统居所已经变得令人难以忍受：每一个舒适的特点都以背叛知识为代价，每一个庇护的遗迹都以家庭利益陈腐的契约为代价。"这是在纳粹主义之前成长的战前人们的生活。至于社会主义和美国的消费主义也没有更好：在那里，"人们不是住在贫民窟，就是住在小屋，到第二天可能就变成茅舍、拖车、汽车、营地或露天。"因此,阿多诺指陈:"房屋已经过去了。……面对这一切时,最好的行为模式似乎依然是未定的、虚悬的一种。……**在自己家中没有如归的安适自在之感,这是道德的一部分**。"

然而,阿多诺刚得到一个明显的结论,便立即加以反转:"但是,这个悖论的命题(thesis)导向毁灭,无情无爱地漠视事物必然也不利于人们;反面命题(antithesis)一旦说出,对于那些内疚地想维持自己既有事物的人来说,就成了一种意识形态。错误的生命无法正确地生活。"⁹

换言之,即使对于尝试维持虚悬状态的流亡者,也没有真正的逃脱之道,因为处于两者之间的状态(state of in-betweenness)本身可以成为一个严苛的意识形态立场,一种居所(这种居所的虚假在时间中被掩盖),而人太容易就对这些习以为常了。但是,阿多诺继续追逼"怀疑的探究总是有益的",涉及知识分子的写作时尤其如此。"对于一个不再有故乡的人来说,写作成为居住之地",即使如此,阿多诺最后提到不得松懈严苛的自我分析:

> 要求一个人坚强起来对抗自怜,暗示着在技术上必须以全然的警觉去对抗任何知识张力的松懈,并消除开始使作品〔或写作〕僵化或急情地随波逐流的任何事物,这些事物在早期也许像闲话一样会产生有利于成长的温暖气氛,但现在则被搁在后面,乏味且陈腐。结果,作者不被允许在他的作品中存活。¹⁰

这是典型的忧郁和不屈。流亡的知识分子阿多诺对下述

第三章 知识分子的流亡

观念大加讽刺:自己的作品能提供某种满足、一种另类的生活方式,可能使人从全无"居所"的焦虑和边缘感中得到些许短暂的舒缓。阿多诺所未言及的则是流亡的乐趣,流亡有时可以提供的不同生活安排,以及观看事物的奇异角度;这些使得知识分子的行业有生气,但未必减轻每一种焦虑或苦涩的孤寂感。流亡这种状态把知识分子刻画成处于特权、权力、如归感这种安适自在之外的边缘人物——这种说法是真确的。然而,也有必要强调那种状态带有某种报偿,是的,甚至带有特权。因此,虽然知识分子并未获奖,也没被欢迎进入自吹自擂的精英联谊会(这些团体的惯例就是排除不守行规、令人尴尬的惹是生非者),却同时从流亡与边缘性中得到一些正面的事物。

当然,其中的乐趣之一就是惊奇、任何事情都不视为理所当然、学习凑合着应付让大多数人迷惑或恐惧的不安稳状况。知识分子基本上关切的是知识和自由。但是,知识和自由之所以具有意义,并不是以抽象的方式(如"必须有良好教育才能享受美好人生"这种很陈腐的说法),而是以真正的生活体验。知识分子有如遭遇海难的人,学着如何**与**土地生活,而不是**靠**土地生活;不像鲁滨逊(Robinson Crusoe)那样把殖民自己所在的小岛当成目标,而像马可·波罗(Marco Polo, 1254—1324)那样一直怀有惊奇感,一直是个旅行者、过客,而不是寄生者、征服者或掠夺者。

因为流亡者同时以抛在背后的事物以及此时此地的实况这两种方式来看事情,所以有着双重视角(double perspective),从不以孤立的方式来看事情。新国度的一情一景必然引他联想到旧国度的一情一景。就知识上而言,这意味着一种观念或经验总是对照着另一种观念或经验,因而使得二者有时以新颖、不可预测的方式出现:从这种并置中,得到更好,甚至更普遍的有关如何思考的看法,譬如借着比较两个不同的情境,去思考有关人权的议题。我觉得大多数西方有关伊斯兰教原教旨主义的危言耸听、极为谬误的讨论,在知识上之所以惹人反感,正是因为没有和犹太教或基督教的原教旨主义相比,就我个人在中东的经验,这两种原教旨主义都同样盛行而且应该受到叱责。通常被想成是对公认敌人的简单评断的问题,在以双重或流亡的视角来看时,迫使西方知识分子将目光投向一个远为宽广的景象,因为现在所要求的是以世俗主义者(secularist)或非世俗主义者的立场来看**所有**神权政治的倾向,而不只是面对惯常指定的对象。

知识分子流亡的立足点第二个有利之处,就是比较能不只看事物的现状,而能看出前因。视情境为因偶发的机缘而生成的(contingent),而不是不可避免的;视情境为人们一连串历史选择的结果,是人类造成的社会事实,而不是自然的或神赋予的(因而是不能改变的、永恒的、不可逆转的)。

这种知识立场的伟大原型就是18世纪的意大利哲学家维科(Giambattista Vico,1668—1744),长久以来他一直是我心目中的英雄。维科的伟大发现就是:了解社会现实的适当方式,就是把它当成由原点产生的一个过程,而这个源点总是可以置于极卑微的环境(他的这项伟大发现部分来自身为默默无闻的那不勒斯教授的寂寞,与教会和周遭的环境不合,本人只能勉强度日)。他在巨著《新科学》(The New Science)中说,这意味着把事物看成自明确的原始演化而来,如同成人自婴儿演化而来。

维科主张,这是对于世俗世界所能采取的唯一观点;他一再重申这是历史的,具有一己的法则和程序,而不是神定的。这需要的是对于人类社会的尊敬,而不是敬畏。在考虑最具权势者时,考虑其原始和可能的去处;不为尊贵的人物或宏伟的机构吓得瞠目结舌、卑躬屈膝——而当地人则一直看见(因而尊崇)其高贵显赫,却看不出其来自必然较卑微的人的源头。流亡的知识分子必然是反讽的、怀疑的、甚至不大正经——但却非犬儒的(cynical)。

最后,任何真正的流亡者都会证实,一旦离开自己的家园,不管最后落脚何方,都无法只是单纯地接受人生,只是成为新地方的另一个公民。或者即使如此,在这种努力中也很局促不安,觉得几乎不值得这么做。你会花很多时间懊悔自己失去的事物,羡慕周围那些一直待在家乡的人,因为他们能接近自己所喜爱的人,生活在出生、成长的地方,不但不必去经历失落曾经拥有的事物,更不必去体验无法返回过去生活的那种折磨人的回忆。另一方面,正如里尔克(Rainer Maria Rilke,1875—1926,德国诗人)曾说的,你可以成为自己环境中的初学者,这让你有一个不合流俗的生活方式,尤其一个不同的、经常是很奇特的生涯。

对于知识分子来说,流离失所意味着从寻常生涯中解放出来;在寻常职业生涯中,"干得不错"(doing well)和跟随传统的步伐是主要的里程碑。流亡意味着将永远成为边缘人,而身为知识分子的所作所为必须是自创的,因为不能跟随别人规定的路线。如果在体验那个命运时,能不把它当成一种损失或要哀叹的事物,而是当成一种自由,一种依自己模式来做事的发现过程,随着吸引你注意的各种兴趣、随着自己决定的特定目标所指引,那就成为独一无二的乐趣。你可以在詹姆斯(C. L. R. James)的心路历程中看到这一点;此人是特立尼达的散文家和历史学家,在两次世界大战之间以板球球员的身份来到英国,他记述思想发展的自传《跨越界线》(Beyond a Boundary)诉说他的板球生涯以及板球在殖民主义中的情形。其他作品包括了《黑人极端激进分子》(The Black Jacobins),此书描写18世纪末由图森–路维杜尔(Pierre Dominique Toussaint-L'Ouverture, 1743?—1803)领导海地黑奴反抗的轰轰烈烈的历史。詹姆斯在美洲以演说家和政治组织者的姿态出现,写了一本研究梅尔维尔(Herman Melville, 1819–1891)的专著《水手·叛徒·流浪者》(Mariners, Renegades, and Castaways)、许多讨论泛非洲主义(pan-Africanism)的作品,以及数十篇讨论通俗文化和文学的论文。[11]这种奇异的、不定的历程,迥异于我们今天所称的固定职业生涯,但其中蕴含多么生气勃勃、无休无止的自我发现。

我们之中的大多数人可能无法重复像阿多诺或詹姆斯那样的流亡者命运,但他们对当代知识分子却意义重大。对于受到迁就适应、唯唯诺诺、安然定居的奖赏所诱惑甚至围困、压制的知识分子而言,流亡是一种模式。即使不是真正的移民或放逐,仍可能具有移民或放逐者的思维方式,面对阻碍却依然去想象、探索,总是能离开中央集权的权威,走向边缘——在边缘你可以看到一些事物,而这些是足迹从未越过传统与舒适范围的心灵通常所失去的。

边缘的状态也许看起来不负责或轻率,却能使人解放出来,不再总是小心翼翼行事,害怕搅乱计划,担心使同一集团的成员不悦。当然,没有人能摆脱牵绊和情感,而且我在这里所想的也不是所谓的独立自由的知识分子(free-floating intellectual),其技术能力完全待价而沽。相反,我说的是:知识分子若要像真正的流亡者那样具有边缘性,不被驯化,就得要有不同于寻常的回应:回应的对象是旅人过客,而不是有权有势者;是暂时的、有风险的事,而不是习以为常的事;是创新、实验,而不是以威权方式所赋予的**现状**。**流亡的**知识分子(*exilic intellectual*)回应的不是惯常的逻辑,而是大胆无畏;代表着改变、前进,而不是故步自封。

注释

1 译注:贾贝斯(1912—1991)是犹太裔埃及诗人;安卡瑞提(1888—1970)是意大利诗人;卡瓦菲(1863—1933)是希腊诗人,诗作多取材自古希腊历史神话,风格则为现实主义。

2 译注:奈保尔(1932—)是出生于特立尼达之印度裔英国作家,创作出许多无根的人物;蒙博托是原刚果民主共和国及扎伊尔共和国的总统及独裁者,执政党创建人及主席,掌权三十二载后于1997年5月遭到罢黜,同年9月病逝摩洛哥。

3 译注:基辛格曾任美国国家安全事务顾问、国务卿(1973—1977),对决定美国外交政策有重大影响,为1973年诺贝尔和平奖得主;布热津斯基曾于1976年至1980年担任卡特政府的国家安全顾问。

4 译注:托马斯·曼是德国小说家,为1929年诺贝尔文学奖得主。

5 译注:斯威夫特擅长于讽刺文学,萨义德曾撰《知识分子斯威夫特》("Swift as Intellectual")一文,收于《世界·文本·批评家》(*The world, the Text, and the Critic*), pp. 72-89。

6 译注:阿多诺是德国哲学家,法兰克福学派(Frankfurt School)代表人物之一。

7 译注:柏格是奥地利作曲家,师承并发扬无调性音乐与十二音体系理论及作曲技法,是第二维也纳派的代表人物之一;勋伯格是奥地利裔美籍作曲家、音乐理论家,追求无调性创作手法,创立十二音体系。

8 译注:胡塞尔是德国哲学家,现象学创始人。

9 阿多诺,《道德的最低限度:残生省思》[*Minima Moralia: Reflections from Damaged Life*, trans. E. F. N. Jephcott(London: New Left Books, 1951)], pp. 38-39。

10 前引书,87页。

11 译注:图森–路维杜尔是海地革命领袖,为黑人奴隶,领导黑人反抗(1791),宣布海地自治(1801),任终身执政,后为法国殖民主义者诱捕(1802),死于法国狱中;梅尔维尔是19世纪美国文艺复兴时期的代表作家之一,著有《白鲸》(*Moby Dick*)等小说。

第四章　专业人士与业余者

1979年,多才多艺、足智多谋的法国知识分子德布雷(Regis Debray)出版了一本对于法国文化生活的深入研究,书名为《教师·作家·名流:近代法国知识分子》。[1]德布雷本人一度是十分活跃的左翼分子,1958年古巴革命后不久在哈瓦那大学任教。几年后,玻利维亚当局因为他与格瓦拉(Che Guevara, 1928—1967)[2]的关系,判他三十年的刑期,但只服刑三年。德布雷回到法国之后,成为半学术的政治分析家,后来成为密特朗总统(François Mitterrand, 1916—1996)的顾问。这种独特际遇使他得以了解知识分子和社会公共机构之间的关系;此一关系从来不是固定的,总是在演变中,其复杂性有时令人吃惊。

德布雷书中的论点就是,在1880到1930年间,法国知识分子主要与巴黎索邦大学(the Sorbonne)有关;他们是躲避教会和拿破仑式独裁政治的世俗逃难者,在实验室、图书馆和教室中以教授的名义受到保护,得以在知识上做出重要贡献。1930年之后,巴黎大学的权威逐渐让给了像新法兰西评论(the Nouvelle Revue Française)这类新出版社。根据德布雷的说法,由知识阶层和他们的编辑构成的"精神家族"(the spiritual family)在这里得到更佳的庇护。直到1960年左右,萨特、波伏瓦、加缪、莫里亚克（Claude Mauriac，1914— ）、纪德（André Gide，1869—1951）、马尔罗（André Malraux，1901—1976）之类的作家成为取代了教授的知识分子，[3]原因在于他们作品的无拘无束，他们对于自由的信条，以及他们的论述"介于在那之前教会的庄严肃穆以及之后广告的哗众取宠之间"。[4]

大约在1968年，知识分子大都舍弃了出版社的守护，成群结队走向大众媒体——成为新闻从业人员、电视电台访谈节目的来宾和主持人、顾问、经理，等等。他们不但拥有广大的阅听大众，而且他们身为知识分子毕生的工作都仰赖阅听大众，仰赖没有面目的消费大众这些"他者"所给予的赞赏或漠视。"大众媒体借着扩大接受的领域，降低了知识分子合法性的来源，以更宽广的同心圆——那些要求较不严苛因而更容易获取的同心圆——包围了职业的知识分子，而以往职业的知识分子是正统的合法性的来源。……大众媒体已经打破了传统知识阶层的封闭，以及传统知识阶层的评价规范和价值标准。"[5]

德布雷描述的几乎完全是法国当地的情境，是拿破仑以来那个社会中的世俗势力与帝国、教会势力斗争的结果。因此他所描写的法国景象很难出现在其他国家。以英国为例，第二次世界大战之前的主要大学几乎无法以德布雷的方式来描述。即使牛津和剑桥的教师在大众领域主要也不是以法国式的知识分子为人所知；虽然在两次世界大战期间英国的出版社强大且具影响力，但出版社和旗下的作家并未形成德布雷所说的那种法国的精神家族。然而，德布雷的一般论点却是成立的：成群的知识分子与社会公共机构结盟，并从那些机构中得到权力和权威。这些有机的知识分子随着机构的兴衰而兴衰——此处"有机的知识分子"一词系套用葛兰西的用语。

然而问题依旧存在:独立、自主的知识分子,不依赖、因而不受制于他或她所附属的机构的知识分子,是不是或可不可能存在(这些机构包括付他们薪水的大学,要求忠于党的路线的政党,以及智囊团——这些智囊团尽管提供研究的自由,却可能以更微妙的方式来妥协其判断、限制其批评的声音)?德布雷暗示,知识分子的圈子一旦超出了成分类似的知识分子群——换言之,当取悦阅听大众或雇主取代了依赖其他知识分子的辩论和判断时——知识分子这一行不是被废掉,就是必然受到约束。

我们再度回到我的主题:知识分子的代表。我们想到个体的知识分子时——我在这里的主要关怀是个体——究竟强调的是描绘此人的个性,还是把焦点放在此人身为一分子的团体或阶级?这个问题的答案显然影响我们期盼于知识分子对我们的发言:我们听到或读到的是独立的看法,还是代表一个政府、一个有组织的政治理念、一个游说团体? 19世纪对于知识分子的代表倾向于强调个性,知识分子经常像屠格涅夫的巴扎洛夫或乔伊斯的戴德勒斯那样,是个独立、孤高的人,根本不顺服社会,因而是完全自外于社会定见的反叛者。20世纪越来越多的人士属于所谓知识分子或知识阶层的团体(经理、教授、新闻从业人员、电脑或政府专家、游说者、权威人士、多家报刊同时刊载的专栏作家、以提供意见受薪的顾问),不由得使人怀疑作为独立声音的个体知识分子根本不能存在。

这是一个极重要的问题,必须以兼顾现实与理想的方式,而非犬儒的方式来探究。王尔德说,犬儒者知道每件事的价钱,却连一件事的价值都不知道。仅仅因为知识分子在大学或为报纸工作谋生,就指控他们全都是出卖者,这种指控是粗糙、终致无意义的。"世界太腐败了,每个人到头来都屈服于金钱",这种说法是不分青红皂白的犬儒式说法。另一方面,把个体知识分子当成完美的理想,像是身穿闪亮盔甲的武士,纯洁、高贵得不容怀疑会受到任何物质利益的诱惑,这种想法也同样草率。没有人通得过这种考验,即使乔伊斯的戴德勒斯也通不过。戴德勒斯如此纯洁,一心孤意追求理想,最终还是力不从心,甚至更糟的是,只得噤声不语。

其实,知识分子既不该是没有争议的、安全的角色,以致只是成为友善的技术人员,也不该试着成为专职的卡桑德拉(Cassandra,希腊神话中的女先知,虽能预言却不见信于人),不但正直得令人不悦,而且无人理睬。每个人都受到社会的约束——不管社会如何自由开放,不管个人如何放荡不羁。在任何情况下,知识分子都该为人所听闻,实际上应该激起辩论,可能的话更要挑起争议。完全的沉寂或完全的反叛都不可取。

在里根政府即将届满时,一位名叫贾克比(Russell Jacoby)的不满现状的美国左翼知识分子出版了一本书,激起很多的讨论,其中多为赞同之词。此书书名为《最后的知识分子》,主张的是下述无懈可击的论点:在美国"非学院的知识分子"(the nonacademic intellectual)已经完全消失了,取而代之的是一整群怯懦、满口术语的大学教授,而社会上没有人很重视这些人的意见。[6]贾克比心目中往昔知识分子的典型本世纪早期大都居住在格林威治村(相当于法国巴黎的拉丁区),通称为纽约知识分子。这些人大都是犹太裔、左翼(但大都反共),以笔耕为生。早一代的人物包括威尔逊、雅可布斯、孟福德、麦克堂纳(Edmund Wilson, Jane Jacobs, Lewis Mumford, Dwight McDonald);稍晚则有拉夫、卡津、豪、桑塔格、贝尔、巴瑞特、特瑞林(Philip Rahv, Alfred Kazin, Irving Howe, Susan Sontag, Daniel Bell, William Barrett, Lionel Trilling)。根据贾克比的说法,类似的人物已经被各式各样战后的社会和政治力量消除殆尽:逃向郊区(贾克比的论点为知识分子是都市的生物);垮掉的一代(the Beat generation)的不负责任,率先提出退出及逃避人生中的指定岗位的观念;大学的扩张;以往的美国独立左派逐步流入校园。

结果今天的知识分子很可能成为关在小房间里的文学教授,有着安稳的收入,却没有兴趣与课堂外的世界打交道。贾克比声称,这些人的文笔深奥而又野蛮,主要是为了学术的晋升,而不是促成社会的改变。同时,所谓新保守主义运动的兴起[这些知识分子在里根主政期间变得显眼,但许多以往是左翼的独立知识分子,如社会评论家克理斯多(Irving Kristol)和哲学家胡克(Sidney Hook)],创立了一批新杂志,公然主张反动或至少是保守的社会进程——贾克比特别提到极右派的季刊《新标准》(*The New Criterion*)。贾克比说,这些势力在当时和现在都殷勤讨好年轻作家、有潜力的知识分子领袖,因为这些人能自老一辈手中接棒。《纽约书评》(*New York Review of Books*)是美国最具声望的知识性自由主义刊物,以往率先刊登激进新作家的大胆观念,现在却"纪录可悲",在其逐渐年迈的亲英国作风中,类似"牛津茶会,而不像纽约熟食店"。贾克比如此结论:《纽约书评》"从未培育或注意年轻一点的美国知识分子。过去二十五年来,它只从文化银行中提款,而未作任何投资。今天的运作必须仰赖进口的知识资本,主要来自英国"。这一切部分是因为"关闭了旧有的都市及文化中心,而不是暂时歇业"。[7]

贾克比再三回到他对于知识分子的观念:"不对任何人负责的坚定独立的灵魂。"他说,现在类似那一代的知识分子已不复存在,取而代之的是一些沉默寡言、无法了解的课堂内的技术人员。这些人由委员会雇用,急于取悦各式各样的赞助者和部门,披挂着学术证件和社会权威,然而这种社会权威并未促成辩论,只是建立声誉和吓唬外行人。这是个很悲惨的景象,但正确吗?有关知识分子消失的原因,贾克比的说法正确吗?我们能不能提供更正确的诊断?

首先,我认为责难大学,甚至责难美国,是错误的。第二次世界大战之后不久,法国有一短暂时期出现了少数特立独行的知识分子,如萨特、加缪、阿隆(Raymond Aron,1905—1983)、波伏瓦,似乎代表了古典观念——未必是实际情形——的知识分子,继承了伟大的(但不幸却经常是神话的)19世纪原型,如勒南和洪堡(Wilhelm von Humboldt,1767—1835)。[8]但贾克比没有谈论的是,20世纪知识分子的主要关怀不只是公共的辩论和高贵的争议(这些是班达的主张,而可能由罗素和几位波西米亚式的纽约知识分子所示范),也包括了批评和醒悟,揭穿假先知和戳破古老的传统和神圣的名字。

此外,身为知识分子未必就与学院人士或钢琴家的身份不一致。杰出的加拿大钢琴家古尔德(Glenn Gould,1932—1982)在整个演奏生涯中与许多大公司签有录音合约,但这并不妨碍他成为反偶像崇拜的古典音乐重新诠释者和评论者,对于演奏本身和评断演奏的方式产生巨大的影响。[9]同理,学院中的知识分子,比方说历史学家,完全重新塑造了历史的书写、传统的稳定性、语言在社会中的角色等观念。我们想到的是英国的霍布斯鲍姆(Eric J. Hobsbawm)和汤普森(E. P. Thompson)或美国的怀特(Hayden White)。[10]虽然他们的作品大都在学院内产生、培育,却在学院外广为流传。

至于说美国特别使知识分子的生活变质,这种指责也有争议,因为今天举目四望,即使在法国知识分子都不再是波西米亚人或咖啡馆里的哲学家,而已经成为另一种很不同的人物,代表着许多不同种类的关怀,以很不同、剧变的方式来代表。我在这些演讲中一直主张,知识分子代表的不是塑像般的偶像,而是一项个人的行业,一种能量,一股顽强的力量,以语言和社会中明确、献身的声音针对诸多议题加以讨论,所有这些到头来都与启蒙和解放或自由有关。今天对于知识分子特别的威胁,不论在西方或非西方世界,都不是来自学院、郊区,也不是新闻业和出版业惊人的商业化,而是我所称的专业态度(professionalism,也可译为职业态度)。我所说的"专业"意指把自己身为知识分子的工作当成为稻粱谋,朝九晚五,一眼盯着时钟,一眼留意什么才是适当、专业的行径——不破坏团体,不逾越公认的范式或限制,促销自己,尤其是使自己有市场性,因而是没有争议的、不具政治性的、"客观的"。

让我们回到萨特。就在似乎倡议人(没提到妇女)能自由选择命运时,萨特也说到情境(situation)——这是他最喜好的字眼之一——可能妨碍完全运用那种自由。然而,萨特又说。环境和情境单方面决定作家或知识分子,这种说法是错误的;应该说二者之间不断相互影响。萨特于1947年出版的他作为知识分子的信条——《文学是什么?》(*What Is*

Literature？）——中使用的字眼是**作家**，而不是"知识分子"，但所说的显然是知识分子在社会中的角色，如下段文字（所用的全是男性代词）所示：

> 首先，我是一位作家，以我的自由意志写作。但紧随而来的则是我是别人心目中的作家，也就是说，他必须回应某个要求，他被赋予某种社会作用。不管他要玩什么游戏，必须根据别人对他的再现/看法而来。他也许要修正在特定社会中别人认为属于作家（或知识分子）的性格；但是为了改变这种性格，他必先悄然进入其中。因此，公众介入其间，带着公众的习俗、世界观、社会观和那个社会中的文学观。公众包围作家，把他团团围住，而公众迫切或诡秘的要求，其拒绝和逃避，都是既有的事实，而作品就是以这些事实为基础才能建构出来。[11]

萨特并不是说知识分子类似离群索居的哲学家—国王，因而应该受到大家的崇敬、加以理想化。相反地——而这一点可能是当代哀叹知识分子已经消失的人所未掌握到的——知识分子不但一直受制于社会的要求，而且作为特定团体的成员，在知识分子的地位上也受到很大的修正。在认定知识分子应该拥有自主权，或在社会中对于道德和心灵生活应该拥有不受限制的权威时，批评当代情景的人只是拒绝去看在知识分子的自我代表（self-representation）已经产生激烈改变的情况下，已有多少气力用在抗拒甚至攻击晚近的权威。

今天的社会依然把作家团团围住，其方式有时是以奖赏和报酬，经常是以完全贬低或取笑，更常常是说真正的知识分子应该只是其领域中的专业人士。我不记得萨特曾经说过知识分子必然应该待在大学之外：他**的确**说过知识分子在被社会包围、劝诱、围困、威吓，要求成为这样或那样时，更成其为知识分子，因为唯有在那时和那个基础上，才能建构出知识分子的工作。他1964年拒领诺贝尔奖，正是根据自己的原则行事。

今天这些压力是什么？这些压力如何符合我所说的专业态度？我要讨论的是我心目中挑战着知识分子的机谋和意志的四种压力，其中任何一种都不是某个社会所独有的。尽管这些压力普遍可见，但都可以用我所谓的业余性（amateurism）来对抗。而所谓的业余性就是，不为利益或奖赏所动，只是为了喜爱和不可抹煞的兴趣，而这些喜爱与兴趣在于更远大的景象，越过界线和障碍达成联系，拒绝被某个专长所束缚，不顾一个行业的限制而喜好众多的观念和价值。

这些压力中的第一个就是专门化（specialization）。今天在教育体系中爬得越高，越受限于相当狭隘的知识领域。当然，没有人会反对专业能力，但如果它使人昧于个人直接领域——比方说，早期维多利亚时代的情诗——之外的任何事情，并为了一套权威和经典的观念而牺牲一个人广泛的文化时，那么那种能力就得不偿失。

例如，在研究文学时——文学是我的特别兴趣——专门化意味着越来越多技术上的形式主义，以及越来越少的历史意识（知道在创作文学作品时真正进入其中的真实经验）。专门化意味着昧于建构艺术或知识的原初努力；结果就是无法把知识和艺术视为抉择和决定、献身和联合，而只以冷漠的理论或方法论来看待。成为文学专家也常意味着把历史、音乐或政治排除在外。到头来，身为完全专门化的文学知识分子变得温驯，接受该领域的所谓领导人物所允许的任何事。专门化也戕害了兴奋感和发现感，而这两种感受都是知识分子性格中不可或缺的。总之，我一向觉得，陷入专门化就是怠惰，到头来照别人的吩咐行事，因为听命于人终究成为你的专长。

如果专门化是各地所有教育体系中存在的一种广泛的工具性压力，那么专业知识和崇拜合格专家的作法则是战后世界中更特殊的压力。要成为专家就得有适当的权威证明为合格；这些权威指导你说正确的语言，引用正确的权威，局限于正确的领域，尤其在敏感、有利可图的知识领域受到威胁时更是如此。近来有许多有关所谓"政治正确性"（political correctness）的讨论，人们把这个阴险狡诈的用语套在学院里的人文学者身上，批评这些人不独立思考，而是依循一小撮左派所建立的准则来思考；这些准则被认为是对种族歧视、性别歧视诸如此类的事过于敏感，而不允许人们以"开放"的方式去辩论。

真相是：反对政治正确性运动的人士，主要是各式各样的保守分子和其他提倡家庭价值的人。虽然他们所说的某些事确有些许可取之处——尤其注意到那些不假思索的流行套话所表现出的有口无心——但他们的运动完全忽略了在涉及军事、国家安全、外交和经济政策时惊人的一致性和政治正确性。例如，就在战后的那几年，一涉及苏联就得毫不怀疑地接受冷战的前提：苏联是全然邪恶的，诸如此类的前提不一而足。有更长一段时间，大约从20世纪40年代中期一直到20世纪70年代中期，美国的官方观念主张在第三世界的自由就只意味脱离共产党——这种观念几乎丝毫未受到挑战地主宰着大家的思维;随之而来的则是一大群一大群的社会学家、人类学家、政治学家、经济学家无休无止地阐扬的观念:"发展"(development)不涉及意识形态,是来自西方的,并包含了经济起飞、现代化、反共以及某些政治领袖热衷于和美国正式结盟。

对于美国及其一些盟友(如英国、法国)而言,这些有关国防和安全的看法经常意味着追随帝国式的政策,其中,反暴动和全然反对当地民族主义(一向被视为倒向共产主义和苏联)带来了巨大的灾难,这些灾难的形式是代价高昂的战争和侵略(如越南),间接支持侵略和屠杀(如西方的盟友印尼、萨尔瓦多、以色列的所作所为),出现经济离奇扭曲的附属政权。不同意这一切就等于妨碍控制下的专业知识市场,而这个市场的目的是要符合并促进国家的努力。例如,如果你不是美国学院体系训练出来的、以健康的心态看重发展理论和国家安全的政治科学家,就没有人会听你的,在某些情况下不允许你发言,而挑战你的理由是你不具备专业知识。

因为严格说来,"专长"到头来几乎和知识不相干。乔姆斯基批评越战所使用的一些材料,在见解和正确性上远高于合格专家的类似著作。但是,乔姆斯基逾越了惯常的爱国观念——那包括了下列的观念:"我们"是来协助我们的盟友;"我们"捍卫自由,防止莫斯科或北京所鼓动的接管——并揭批掌控美国行为的真正动机;而那些合格的专家,希望被国务院咨询或在国务院发言的人,或为兰德公司(Rand Corporation)工作的人,根本不误闯那个领域。[12]乔姆斯基说过一个故事:身为语言学家的他应数学家之邀去谈论他的理论,经常有人表示尊敬及兴趣,尽管他对于数学的行话相当无知;但是当他试着从反对立场去呈现美国的外交政策时,一些公认的外交政策专家却试图阻止他发言,理由就是他并非合格的外交政策专家。对于他的论点几乎连争辩都不争辩,只说他处于可接受的辩论或共识之外。

专业态度的第三个压力就是其追随者无可避免地流向权力和权威,流向权力的要求和特权,流向被权力直接雇用。美国在与苏联竞争世界霸权时,国家安全的进程决定学术研究的优先顺序及心态,其程度之深简直吓人。类似情况也出现在苏联,但在西方没有人对于**那里**的自由探索存有任何幻想。我们现在才刚开始意识到其所代表的意义——美国国务院和国防部对于大学的科技研究提供的金钱超过任何单一的捐献者:对于麻省理工学院和斯坦福大学来说尤其如此,因为这两所大学几十年来从这两个政府部门得到最多的补助。

同样,同时期美国政府为了相同的总体目标也资助大学的社会科学甚至人文学科的学系。当然,所有社会都有类似的情形,但值得注意的是,在美国一些反游击战研究的进行,是为了支持在第三世界——主要在东南亚、拉丁美洲、中东——的政策,这些研究直接应用于秘密行动、阴谋破坏,甚至公开的战争。有关道德和正义的问题被搁置,以便能履行合约,其中之一就是社会科学家自1964年开始为美国陆军进行的恶名昭彰的卡米洛计划(Project Camelot,卡米洛系传说中亚瑟王宫廷所在地,也指昌盛时期,20世纪60年代美国报刊还用此来指约翰·肯尼迪"王朝"),研究的不仅是全世界不同社会的崩溃,也包括了如何防止崩溃。

不仅于此。美国市民社会(American civil society)的集中化力量,如民主党或共和党;工业或特殊利益的游说集团,如军火、石油和烟草公司所成立或维持的游说团体；大型基金会，如洛克菲勒（Rockefeller）家族、福特（Ford）家族、梅隆（Mellon）家族所建立的基金会——都雇用学院专家进行研究和计划，以推展商业和政治的进程。这当然是一般认为的自由市场体系正常运作的一部分，也发生于欧洲和远东各地。从智囊团能得到资助和基金，休假及出版津贴，以及职业的晋升和承认。

有关体系的一切都是公开的，而且就像我所说的，根据竞争和市场反应的标准来说都是可以接受的；这些标准掌控了在自由、民主社会中先进的资本主义下的行为。我们花了很多时间来担忧极权政府体系下对于思想和知识自由的钳制，但在考虑奖赏知识的一致顺从、奖赏乐于参与由政府（而不是科学）所建立的目标的这种体系对于个体知识分子的威胁时，却未能同样挑剔；研究和水准鉴定相应地遭到控制，以便获得并维持较大的市场占有率。

换言之，个体和主观的知识分子所代表的空间——他们所质疑和挑战的包括一场战争的合理性，或一项奖赏合约、颁奖的巨大社会计划——与一百年前相比已经巨幅缩减，因为一百年前戴德勒斯能说自己身为知识分子的职责就是根本不服侍任何权力或权威。在此，我不要像某些人那样主张我们应该回复到先前的时代，那时的大学并不那么大，它们提供的机会不是那么诱人；我认为那种主张过于感情用事。在我心目中，西方的大学，尤其在美国，依然能够提供知识分子一个准乌托邦的空间（aquasi-utopian space），在其中能继续进行省思与研究——虽然会处于新的限制和压力之下。

因此，知识分子的问题是尝试处理我所讨论的现代专业化的冲击,其方式不是假装那些冲击不存在或否认它们的影响力,而是再现另一套不同的价值和特有的权利。我把这些总结在**业余**的名下,就字面而言,这类行为的动力来自关切和喜爱,而不是利益和自私、狭隘的专门化。

今天的知识分子应该是个业余者,认为身为社会中思想和关切的一员,有权对于甚至最具技术性、专业化行动的核心提出道德的议题,因为这个行动涉及他或她的国家、国家的权力、国家与其公民和其他社会互动的模式。此外,身为业余者的知识分子精神可以进入并转换我们大多数人所经历的仅仅为专业的例行做法,使其活泼、激进得多;不再做被认为是该做的事,而是能问为什么做这件事,谁从中获利,这件事如何能重新连接上个人的计划和原创性的思想。

每个知识分子都有阅听大众和诉求对象。问题在于是否要去满足那阅听大众,使它像客户般高兴;还是去挑战它,因而激起直接的对立,或动员它更民主地参与社会。但这两个情况都无法回避权威和权力,也无法回避知识分子与权威、权力的关系。知识分子如何向权威发言:是作为专业性的恳求者,还是作为不受奖赏的、业余的良心?

注释

1　德布雷,《教师·作家·名流:近代法国知识分子》[*Teachers, Writers, Celebrities: The Intellectuals of Modern France*, trans. David Macey (London: New Left Books, 1981)]。

2　译注:格瓦拉是出生于阿根廷的古巴革命领袖之一,卡斯特罗(Fidel Castro)的得力助手、游击战专家,曾在古巴新政府担任要职(1959-1965),后来到玻利维亚开展游击战,受伤被俘,遇害。

3 译注:莫里亚克是法国文学评论家、小说家,"新小说"理论家;纪德是法国作家,1947年诺贝尔文学奖得主;马尔罗是法国作家,曾任文化部长(1958-1968)。

4 德布雷,前引书,71页。

5 前引书,81页。

6 贾克比,《最后的知识分子:学院时代的美国文化》[*The Last Intellectuals*: *American Culture in the Age of Academe*(New York: Basic Books, 1987)]。

7 前引书,219—220页。

8 译注:洪堡是德国语言学家、教育改革家,曾任普鲁士教育大臣。

9 译注:古尔德重视音乐的知性主义,擅长曲目为结构性强的巴赫、贝多芬、勃拉姆斯等。

10 译注:霍布斯鲍姆(1917—2012)出生于埃及亚历山大城,是英国著名的马克思主义史学家;终身以犹太知识分子自居,以马克思主义楬橥的理想自期,是以"人民的史家"享誉国际的世界史大师。霍氏著作甚丰,其19世纪三部曲《革命的年代》《资本的年代》《帝国的年代》和有关20世纪的概述《极端的年代》以及《民族与民族主义》等书有中译本(台北:麦田出版公司,1996、1997年);汤普森(1924—1993)是英国历史学家,文化研究的创始人之一;怀特(1928—)是美国历史学家,以关注元历史(metahistory)著称,着重历史文本的叙事性与虚构性。

11 萨特,《文学是什么? 及其他论文》[*What Is Literature*? *And Other Essays* (Cambridge, Mass.: Harvard University Press, 1988)], pp. 77-78。

12 译注:兰德公司位于美国加州圣莫尼卡,从事军事策略与战术研究。也对政府部门提供服务,为一非营利机构,通过研究、分析以提升公共政策水准,尤以研究国防政策和社会政策著称。

第五章　对权势说真话

我要继续讨论专门化和专业主义,以及知识分子如何面对权力和权威的问题。20世纪60年代中期,就在反越战的声浪高涨、远播之前不久,哥伦比亚大学有位看来年纪稍长的大学生来找我,请我允许他修习一门有人数限制的专题研究课。他的说词中提到自己是从战场退伍的军人,曾担任空军于越南服役。我们交谈时,他使我产生了对于专业人士心态的可怕看法。他对于自己工作所用的词汇可以说是"内行话"(Insidese)。当时我一直追问他:"你在空军究竟是做什么的?"他的回答给我的震撼永生难忘:"目标搜寻。"我又花了好几分钟才弄清楚他是轰炸员,他的工作就是轰炸,但他把这项工作套上了专业语言,而这种语言就某个意义而言是用来排除并混淆外行人更直接的探问。顺便说一下,我收了这个学生——也许因为我认为我该留意他,而且附带的动机是说服他抛弃可怖的术语。这可是不折不扣的"目标搜寻"。

我认为,有些知识分子接近决策层次,并能掌管是否给予工作、资助、晋升的大权,这些知识分子更专一、持久地留意不符行规的个人,因为这些个人在上司眼中逐渐流露出争议和不合作的作风。这当然是可以理解的,如果你要完成一件事——比方说,你和你的团队要在下周提供国务院或外交部有关波斯尼亚的政策报告——周围需要的人必须是忠诚的，有着相同的假定，讲着相同的语言。我一向觉得，对于代表此系列演讲中所讨论的那些事情的知识分子而言，处于那种专业位置，主要是服侍权势并从中获得奖赏，是根本无法运用批判和相当独立的分析与判断精神的；而这种精神在我看来却应该是知识分子的贡献。换言之，严格说来知识分子不是公务员或雇员，不应完全听命于政府、集团，甚或志同道合的专业人士所组成的行会的政策目标。在这种情境下，摒弃个人的道德感，完全从专业的角度思考，或阻止怀疑而讲求协同一致——这些大诱惑使人难以被信任。许多知识分子完全屈服于这些诱惑，而就某个程度而言，我们全都如此。没有人能全然自给自足，即使最崇高伟大的自由灵魂也做不到。

我先前即主张，要维持知识分子相对的独立，就态度而言业余者比专业人士更好。但是，让我暂且以实际的、个人的方式来谈谈。首先，业余意味着选择公共空间（public sphefe）——在广泛、无限流通的演讲、书本、文章——中的风险和不确定的结果，而不是由专家和职业人士所控制的内行人的空间。过去两年来，几度有媒体邀请我担任有职位的顾问，我都拒绝了，原因很简单，因为这意味着受限于一家电视台或杂志，也受限于那个渠道通行的政治语言和观念架构。同样，对于政府有职位的顾问我也从来没有任何兴趣，因为根本不知道他们日后会把你提供的见解作何用途。其次，直接收受酬劳来传达知识和在大学公开演讲，或应邀向不对外开放的官员的小圈子讲话，三者很不同。那在我看来十分明显，所以我一向乐于到大学演讲，却总是拒绝其他方式的邀请。第三，为了更介入政治，每当巴勒斯坦团体请我帮忙，或南非的大学邀我去访问并发言反对种族隔离政策、支持学术自由,我都照例接受。

结果,打动我的是我能真正选择支持的理念与观念,因为它们符合我所相信的价值和原则。因此,我认为自己并不受限于文学方面的专业训练,并不因为只有教授现代欧洲文学和美国文学的正式资格而把自己排除于公共政策之外。我所说、所写的是更广泛的事物,因为身为十足的业余者,我受到各式各样的献身的激励,要跨越自己狭窄的职业生涯。当然,我有意努力为这些观点争取新的、更多的听众,而这些观点是我在课堂上从不呈现的。

但是,这些对于公共领域的业余式突袭究竟是怎么一回事?知识分子是受到原生的、本地的、本能式的忠诚——种族、人民、宗教——的激发而采取知识性的行动?还是有一套更普遍、理性的原则能够甚至实际掌控一个人说话和写作的方式?其实,我所问的是知识分子的基本问题:人如何诉说真理?什么真理?为了何人?在何地?

不幸的是,我们必须以下列的回应开始:没有任何系统或方法是宽广、肯定得足以提供知识分子对于上述问题的直接答案。在世俗的世界里——在我们的世界,经由人类的努力所制造的历史世界和社会世界里——知识分子只能凭借世俗的工具;神启和灵感在私人生活中作为理解的模式是完全可行的,但在崇尚理论的人士使用起来却成为灾难,甚至是野蛮的。的确,我甚至要说,知识分子必须终生与神圣的幻景(sacred vision)或文本的所有守护者争辩,因为这些守护者所造成的破坏不可胜数,而他们严厉残酷不容许不同意见,当然更不容许歧异。在意见与言论自由上毫不妥协,是世俗的知识分子的主要堡垒:弃守此一堡垒或容忍其基础被破坏,事实上就是背叛了知识分子的职守。那也就是为什么为拉什迪的《撒旦诗篇》(*The Satanic Verses*)辩护一直都是如此绝对核心的议题,因为不只为了这件事本身,也为了所有其他对于新闻记者、小说家、散文家、诗人、历史学家的言论权的侵犯。

而且这不只是伊斯兰教世界的议题,也是犹太教和基督教世界的议题。追求言论自由不可厚此薄彼,只注意一个区域却忽略另一个区域。因为对于宣称具有世俗的权利去守护神圣旨意(divine decree)的权威而言,不管他们位于何处都没有辩论可言;然而对于知识分子,严格、深入的辩论是活动的核心,也是那些没有神启的知识分子真正的舞台和背景。但是,我们又回到这个难题:一个人应该保卫、支持、代表的是什么样的真理和原则?这不是彼拉多(Pontius Pilate,?—36?)式的问题,遇到难题撒手不管,而是探索的必要开始——探索今天知识分子的立足之处,以及包围他或她的是多么诡谲、未加标示的雷区。[1]

我们不妨以现在极具争议性的有关客观、正确或事实的所有事情作为起点。1988年,美国历史学家诺维克(Peter Novick)出版了一本巨作,书名很具体有效地呈现了此一困境:《那个崇高的梦想》,副标题为"'客观性问题'与美国的历史行业"。诺维克取材自一个世纪以来美国的史学行业,显示历史探究的中心(历史学家借着客观性的理想,掌握机会尽可能真实、正确地处理事实)如何逐渐演化为彼此竞争的说法此一困境,所有这些说法使得以往历史学家对于客观性的任何相似意见耗损得仅似一块遮羞布,甚至经常连遮羞布还不如。在战时,客观性必须服务于"我们的"真理,也就是相对于法西斯式德国的美国的真理;在承平之时,则作为每个不同竞争团体(妇女、非裔美国人、亚裔美国人、同性恋、白人,等等)和每个学派(马克思学派、体制、解构批评、文化研究)的客观真理。诺维克问道,在各种知识众说纷纭之后,还可能有什么交集呢?他悲哀地结论:"作为广大的话语共同体,作为由共同目标、共同标准、共同目的所联合起来的学人共同体,历史这一行已经不复存在。……〔历史〕教授就像《士师记》最后一句所描述的:'那时期,以色列还没有君王;人人随自己的意思行事。'" 2

我在前一讲提到,我们这个世纪的主要知识活动之一就是质疑权威,更遑论削弱权威了。为了加强诺维克的研究发现,我们不得不说:不但对于什么构成客观现实的共识已经消失,而且许多传统的权威,包括上帝在内,大体上也被扫除了。甚至有一派影响深远的哲学家——福柯在其中占有很高的地位——主张,连谈到作者〔如"弥尔顿(John Milton)诗篇的作者"〕都是颇具偏见的夸大之词,更别说是具有意识形态的夸大之词了。

面对这种很可怕的攻击,退回到束手无策或大力重申传统价值(如全球新保守运动的特色)是不行的。我认为下列说法是真实的:对于客观性和权威的批判的确产生了正面作用,因为它强调了在世俗世界中人类如何建构真理,例如所谓白人优越性的客观真理是由古典欧洲殖民帝国所建立和维持的,也赖于强力制服非洲和亚洲民族;同样真实的是,这些民族对抗那种特定的强加在他们身上的"真理",以提供自己独立的秩序。因此,现在每个人都提出新颖而且经常是强烈对立的世界观:人们不断听到谈论犹太教—基督教的价值、非洲中心论的价值、伊斯兰教真理、东方真理、西方真理，每一个都提供了完整的规划，排除所有其他说法。现在各地各处都存在着不容忍和音调高亢的过分自信，不是任何一个体系所能应付的。

因此，即使虚夸之词经常暗示"我们的"价值（不管那些价值恰好是什么）其实是普遍的，但普遍的观念却几乎完全消失了。所有知识策略中最卑劣的就是自以为是地指责其他国家中的恶行，却放过自己社会中的相同行径。对我来说，相关的典型例子就是19世纪的杰出法国知识分子托克维尔（Alexis de Tocqueville，1805—1859），对于我们之中许多受教而相信古典自由主义和西方民主价值的人来说，他几乎完全身体力行了那些价值观。托克维尔在著作中评量了美国的民主并批判了美国虐待印第安人和黑奴之后，在19世纪30年代末期、19世纪40年代面对了法国在阿尔及利亚的殖民政策：当时在比若（Thomas Robert Bugeaud，1784—1849）的率领下，法国占领军对于阿尔及利亚的伊斯兰教徒展开了一场野蛮的绥靖之战。[3]在阅读托克维尔讨论阿尔及利亚的著作时，他以人道方式抗议美国胡作非为的标准在面对法国的行为时却突告失效。他不是没有提出现由；他提出了理由，但这些开脱之词站不住脚，其目的只是为了以他所谓的国家尊严之名来纵容法国的殖民主义。屠杀丝毫未能改变他的心意；他说，伊斯兰教属于低劣的宗教，必须加以规训。简言之，即使他自己的国家（法国）也在执行同样不人道的政策时，他对于美国那套表面上看来普世适用的说法却被弃于不顾，任意地弃于不顾。[4]

然而必须补充的是，托克维尔生活的那个时代，国际行为的普遍规范这种观念，其实意味着欧洲权势以及欧洲代表其他人民的这些权利的盛行,而世界上白人之外的各个民族看来如此卑贱、次等——就此而言,穆勒(John Stuart Mill, 1806—1873)对于英国的民主自由发表了许多值得颂扬的观念,但他明白表示这些观念并不适用于印度。[5]此外,根据19世纪的西方人看法。没有够分量的独立非洲或亚洲民族来挑战殖民军队单向地施加于黑色或褐色人种的严酷蛮横的法律。他们的命运就是被统治。举三位伟大的反帝国主义的黑人知识分子为例,范农、赛沙尔和詹姆斯生活和写作的时代是在20世纪,他们和他们所参与的解放运动在文化和政治上争取到被殖民者应享有平等待遇的权利,而这些却是托克维尔和穆勒所无缘接触到的。这些不同于以往的视角却是当代知识分子能接触到的,但这些知识分子往往不能得到下列必然的结论:若要维护基本的人类正义,对象就必须是每个人,而不只是选择性地适用于自己这一边、自己的文化、自己的国家认可的人。

因此,基本问题在于如何使自己的认同和自己的文化、社会、历史的真实情况与其他的认同、文化、民族的现实调和一致。如果只是一味偏好已经是自己的东西,是永远做不到这一点的——大吹大擂"我们的"文化荣耀或"我们的"历史胜利是不值得知识分子花费气力的,尤其在今天更是如此,因为那么多的社会由不同的种族和背景组成,以致无法以任何化约的套语加以界定。正如我在此处所尝试显示的,知识分子所代表的公共领域是极端复杂的,包含了许多令人不适的特色,但要有效介入那个领域必须仰赖知识分子对于正义与公平坚定不移的信念,能容许国家之间及个人之间的歧异,而不委诸隐藏的等级制度、偏好、评价。今天,每人口中说的都是人人平等、和谐的自由主义式的语言。知识分子的难题就是把这些观念应用于实际情境,在此情境中,平等与正义的宣称和令人难以领教的现实之间差距很大。

　　这在国际关系中最容易显现,那也就是为什么我在这些演讲中那么强调国际关系。最近的几个例子印证了我的想法。就在伊拉克非法入侵科威特之后的那段时期,西方的公共讨论公允地集中于不能接受侵略行为,因为那种极端蛮横的行为旨在消灭科威特。等到美国的用意明朗化时(其实美国是要以军事力量对抗伊拉克),公众的说法鼓励联合国所采取的程序,以确保根据《联合国宪章》通过决议案,要求国际制裁,并可能以武力对抗伊拉克。有少数几位知识分子既反对伊拉克入侵,也反对后来以美国为主力的沙漠风暴军事行动(Operation Desert Storm),就我所知这些人中没有一位提出任何证据或实际尝试辩解伊拉克为何入侵。

　　但当时有人正确指出的就是,美国对抗伊拉克的事由被削弱许多,因为布什当局以强大力量迫使联合国走向战争,而忽略了在1月15日开始行动之前,有许多可能以协商扭转占领情势的机会,也拒绝讨论联合国其他涉及非法占领及入侵领土的议案,因为这些案子关系到美国本身或它的某些亲密盟友。当然,就美国而言,波斯湾的真正问题是石油和战略力量,而不是布什当局所宣称的原则,但当时全国知识分子的讨论一再重复不允许单方以武力获得土地,却未谈到普遍应用这个观念,这使得这些知识分子的讨论大打折扣。美国本身最近才刚入侵并短暂占领巴拿马这个主权国家,这件事在许多支持这场战争的美国知识分子看来似乎毫不相关。的确,如果有人批评伊拉克,是否同样地也该批评美国? 不行:"我们的"动机更为崇高,伊拉克总统萨达姆·侯赛因(Saddam Hussein)是希特勒般的杀人魔王;"我们"大都出于利人的、无私的动机,因此这是一场正义的战争。

或者我们再看看苏联入侵阿富汗,是同样的错误、同样该遭到谴责的事。但美国的盟友,如以色列、土耳其,在俄国侵入阿富汗之前已经非法占领其领土。同样,美国另一个盟友印尼在20世纪70年代中期的一次非法入侵中屠杀了数以万计的帝汶人;有证据显示,美国知道并支持东帝汶战争的恐怖行为,但美国的知识分子总是忙着指责苏联的罪行,几乎无人多谈此事。[6]历史上赫赫显现的就是美国大举入侵印度支那,结果只是摧毁了力图生存的小型、以农民为主的社会。这里的原则似乎是:美国的外交和军事政策专家应该把注意力限制在赢得对抗另一超级强国及其在越南或阿富汗的代理人的战争,而对我们自己的错误行为则绝口不提。这就是**现实政治**(*realpolitik*)的方式。

当然如此,但我的论点是,对于当代知识分子而言,以往客观的道德规范、合理的权威已消失,他们生活在困惑的时代,只是盲目支持自己国家的行为而忽略其罪行,或者只是消极地说:"我相信大家都会这么做,世事本来如此。"这两种反应方式可以接受吗?相反,我们必须能说:知识分子不是专业人士,为了奉承、讨好极有缺憾的权力而丧失天性;而是——再次重申我的论点——具有另类的、更有原则立场的**知识分子**,使得他们事实上能对权势说真话。

那并不是意味像《旧约》般以雷霆万钧之势宣称每个人都是罪人,基本上都是邪恶的。我心中所指要谦虚、有效得多。谈论以前后一致的方式维护国际行为标准及支持人权,并不是向内心寻求由灵感或先知的直觉所提供的指引之光。全世界的国家，至少大多数的国家，都签署了"世界人权宣言"（Universal Declaration of Human Rights），此一人权宣言于1948年正式通过、公布，并由联合国每个新会员国重新确认。有关战争的规定，因犯待遇、劳工、女性、儿童、移民、难民的权益，都有同样郑重其事的国际公约。这些文件中没有一个谈到有关**不合格**或较不平等的种族或民族，所有人都有权享受同样的自由。[7]当然，这些权利每天都遭到破坏，就如今天波斯尼亚的种族灭绝事件所见证的。对于美国、埃及或中国政府官员，这些权利顶多是以"现实的"、而非前后一致的方式来看待。但权力的准则就是如此，而且恰好不合于知识分子的准则，因为知识分子的角色至少是把整个国际社会已经白纸黑字、集体接受的相同标准和行为规范，一体适用于所有情况。

当然其中涉及了爱国和效忠于自己民族的问题。而且当然知识分子不是单纯的机器人，全然接受数学设计的法则和规定。而且，当然作为个人的声音，恐惧和个人的时间、注意力、能力的一般限制都会产生可怕的效果。有关什么构成客观性的共识已经消失了——虽然我们这么哀叹是正确的。但不能就此完全放任于自我陷溺的主观性。我已经说过，在一个行业或民族内寻求庇护只是寻求庇护，这样并不足以回应我们每天只要从报纸新闻上就能接收到的各式刺激。

没有人能对所有议题一直不断发言。但是，我相信有特别的责任要向自己社会构成的和被授权的权势发言，因为这些权势必须向该社会的公民交代，尤其当这些权势被运用于显然不相称、不道德的战争中，或用于歧视、压迫和集体残暴的蓄意计划中。我在第二讲中说到，大家都住在民族的疆界内，使用民族语言,(大部分的时间)针对我们的民族社会发言。对于美国境内的知识分子而言,必须面对的一个现实就是我们的国家是个极端歧异的移民社会,具有异乎寻常的资源和成就,但也有可怕的一套对内的不平等和对外的干涉,不容忽视。虽然我不能为其他地区的知识分子发言,但基本论点确实依然相关。差异在于其他国家不像美国是个世界强权。

在所有这些事例中,知识分子可以借着比较已知、可得的事实和已知、可得的准则,得到对于一个情境的认识。这并非易事,因为需要记录、研究、探索,以超越一般呈现资讯时所出现的零碎、片断、必然缺憾的方式。但我相信在大部分情形中都可能确知是否发生屠杀或官方刻意掩饰。第一件要事是去发现到底发生了什么事,然后是为什么发生,而且不视为孤立事件,而是展开中的历史的一部分,这个历史宽广的轮廓把自己的国家也当成参与者而纳入。辩解者、战略家和策划者的标准外交政策分析之所以前后不一,是因为往往把其他人当成一个情境的对象而关注,却很少关注"我们的"涉入及其后果,更少把它与道德的准则做比较。

在我们这样高度掌理的大众社会中,说真话的目标主要是规划一个更好的事物状态,更符合一套道德标准——和平、修好、减低痛苦——将之应用于已知的事实。美国实用主义哲学家皮尔斯(C. S. Peirce, 1839—1914)称之为**不明推论式**(*abduction*,即小前提无证明),而且被当代著名的知识分子乔姆斯基有效运用。[8]的确,在写作和说话时,目标并不是向每个人显示自己多么正确,而是尝试促成道德风气的改变,借此如实地揭露侵略,防止或放弃对于民族或个人的不公惩罚,认清权利和民主自由的树立是为了每个人的规范,而不只是为了少数人以致引人反感。然而,这些诚然是理想主义式的、经常是无法实现的目标;而且,就某个意义而言,它们与我的主题——知识分子的个人表现——并不立即相关,因为就像我所说的,经常的情况是倾向于退缩或只是循规蹈矩。

在我看来最该指责的就是知识分子的逃避;所谓逃避就是转离明知是正确的、困难的、有原则的立场,而决定不予采取。不愿意显得太过政治化;害怕看来具有争议性;需要老板或权威人物的允许;想要保有平衡、客观、温和的美誉;希望能被请教、咨询,成为有声望的委员会的一员,以留在负责可靠的主流之内;希望有朝一日能获颁荣誉学位、大奖,甚至担任驻外大使。

对知识分子而言,腐化的心态莫此为甚。如果有任何事能使人失去本性、中立化,终至戕害热情的知识分子的生命,那就是把这些习惯内化(internalization)。我个人就在当代最艰难的议题之一(巴勒斯坦)遭遇这种情况。在这个议题中,害怕说出近代史上最不义之事的恐惧心理,使得许多知道真相而且可以效力的人裹足不前,充耳不闻,噤若寒蝉。然而,尽管任何直言支持巴勒斯坦权利和自决的人换来的是辱骂与诋毁,无畏、悲悯的知识分子仍应该诉说、代表真理。尤其在1993年9月13日巴勒斯坦解放组织和以色列签定"奥斯陆原则宣言"之后,情况更是如此。这个极有限的突破使许多人兴高采烈,却掩盖了下列事实:那份文件非但没有保证巴勒斯坦人的权利,反倒保证以色列人延长对占领区的控制。批评这个宣言就被认定是采取反对"希望"与"和平"的立场。[9]

最后,要对知识分子介入的模式进一言。知识分子并不是登上高山或讲坛,然后从高处慷慨陈词。知识分子显然是要在最能被听到的地方发表自己的意见,而且要能影响正在进行的实际过程,比方说,和平和正义的事业。是的,知识分子的声音是孤独的,必须自由地结合一个运动的真实情况,民族的盼望,共同理想的追求,才能得到回响。西方有全面批判例如巴勒斯坦方面的恐怖或不节制行为的癖好,机会主义要求你彻底贬斥巴勒斯坦人的作为,然后继续赞扬以色列的民主政治。然后,你必须对和平美言几句。知识分子的责任当然要求你必须对巴勒斯坦人说所有那些事情,而且在纽约、巴黎、伦敦就那个议题发表你的主要论点(那些大都会是最能发挥影响力的地方),提倡巴勒斯坦的自由,提倡**所有**相关者都免于恐惧和极端主义,而不只是最弱、最易受到打击的一方。

对权势说真话绝不是邦葛罗斯式的理想主义;[10]对权势说真话是小心衡量不同的选择,择取正确的方式,然后明智地代表它,使其能实现最大的善并导致正确的改变。

注释

1. 译注:彼拉多是罗马的犹太巡抚,主持对耶稣的审判。根据《马太福音》记载,群众要求把耶稣钉在十字架上,"彼拉多看那情形,知道再说也没有用,反而可能激起暴动,就拿水在群众面前洗手,说:'处死这个人的责任不由我负,你们承担吧!'"(二十七章二十四节)
2. 诺维克,《那个崇高的梦想:"客观性问题"与美国的历史行业》[*That Noble Dream*: The *"Objectivity Question" and the American Historical Profession* (Cambridge:Cambridge University Press, 1988)], p. 628。
3. 译注:比若是法国元帅,阿尔及利亚的征服者。
4. 有关此事的帝国语境的详细讨论,参阅我的《文化与帝国主义》[*Culture and*

Imperialism(New York:Alfred A. Knopf, 1993)], pp. 169-190。

5　译注:穆勒是19世纪英国哲学家、政治经济学家,著有《论自由》(On Liberty)。

6　有关这些可疑的知识程序的说法,参阅乔姆斯基,《必要的虚幻:民主社会的思想控制》[Necessary Illusions:Thought Control in Democratic Societies(Boston:South End Press. 1989)]。

7　有关此一论点更充分的讨论,参阅我的《民族主义、人权与诠释》("Nationalism, Human Rights, and Interpretation"),文收《自由与诠释:1992年牛津国际特赦演讲集》[Freedom and Interpretatio:The Oxford Amnesty Lectures 1992, ed. Barbara Johnson(New York:Basic Books, 1993)], pp. 175-205。

8　乔姆斯基,《语言与心灵》[Language and Mind(New York:Harcourt Brace Jovanovich, 1972)], pp. 90-99。

9　参阅我的《次晨》("The Morning After"),文刊1993年10月21日《伦敦书评》(London Review of Books, 21 October 1993, Volume l5, N0. 20), pp. 3-5。

10　译注:邦葛罗斯(Pangloss)是伏尔泰讽刺作品《老实人》(Candide)中的哲学家,认为世上的一切都将臻于至善。

第六章　总是失败的诸神

此君是一位口才甚佳、具有领袖气质的伊朗知识分子，1978年间我们在西方首次经人介绍认识。他是一位有相当成就及学问的作家和教师，大力宣扬伊朗国王的不得人心，同年稍后又告诉世人不久后将在德黑兰掌权的新人物。当时他对霍梅尼语带尊重，很快就交上霍梅尼周围较年轻的人士并崭露头角，这些年轻人当然都是伊斯兰教徒，但确实不是好战分子，像巴尼沙德、哥扎德（Abolhassan Bani-Sadr, Sadek Ghotbzadeh）等人。

伊朗的伊斯兰教革命在国内巩固权力之后几周，我认识的这个人回伊朗协助建立新政府，现在又回到西方成为派驻某大国的大使。我记得在伊朗国王逊位后有一两次和他一起参与有关中东局势的讨论会。在长期的人质危机期间（这是美国的说法），我看见他时时对于策划占领大使馆以及后来挟持五十来位平民作为人质的作法表示悲痛甚至愤怒。我对他的确切印象是个正派人士，献身于新秩序，以忠诚的驻外大使身份为新秩序辩护甚至服务。我知道他是严谨的伊斯兰教徒，但绝不是狂热分子。他很有本事抵挡别人对于自己政府的怀疑和攻击；我认为，他的做法根据的是自己的信念和适当的识别。没有人会怀疑他——至少我不怀疑——虽然他与伊朗政府中的某些同僚意见不一致,而且他认为眼前这个阶段局势动荡不安,但霍梅尼不仅过去是,而且应该是伊朗**唯一**的权威。他是忠贞分子,有一次他来贝鲁特时告诉我,他拒绝和一位巴勒斯坦领袖握手(当时巴勒斯坦解放组织和伊斯兰教革命结盟),因为这位领袖"批评了霍梅尼"。

想必是在1981年初人质获释前几个月,他辞去大使一职,返回伊朗,这回是担任巴尼沙德总统的特别助理。然而总统和霍梅尼之间的敌对战线已经划定,当然总统输了。巴尼沙德被霍梅尼罢黜之后不久就流亡海外,我的朋友也遭到同样的命运,但真要离开伊朗还颇为困难。一年左右之后,他在公共场合高声批评霍梅尼的伊朗,在纽约与伦敦的论坛上攻击他一度服务过的政府和人士,而以往他曾站在相同的论坛为他们辩护。然而,他并未失去对于美国角色的批评意识,而且一直谈论美国的帝国主义:他早先对于伊朗国王政权和美国支持该政权的记忆,已烙印在他身上。

因此,1991年海湾战争之后几个月,听到他谈论这场战争,这次却是为美国向伊拉克宣战而辩护,我内心觉得特别悲哀。他就像一些欧洲左派知识分子一样,主张在帝国主义和法西斯主义的冲突中,应该总是选择帝国主义。我惊讶的是,在我看来没有必要把选择的项目削减到只有两个,而且提出这种规划的人士没有一位想到不管就知识或政治的立场而言,既拒绝法西斯主义又拒绝帝国主义不但很有可能,而且的确是好的。

无论如何,这个小故事具体而微地呈现了当代知识分子面对的困境之一,因为当代知识分子对于我所谓的公共空间的兴趣不只是理论的或学术的,而且也包含了直接参与。知识分子应该涉入多深？知识分子应不应该加入政党,服侍在真实政治过程、性格、工作中所体现的理念,因而成为真正的相信者？或者,反过来说,是否有某种更审慎的——但同等严肃和涉入的——参与方式,而不必受到日后的背叛与幻灭之苦？知识分子对于理念应该忠诚到何种程度,才能一直忠实于它？一个人能否保持心灵的独立,同时**不蒙受公开认错和忏悔之苦**？

我的伊朗朋友回归而后脱离伊斯兰教神权政治的历程类似宗教的改信,接着是信仰上很戏剧性的逆转,和完全相反的改信;这个故事并不全属偶然。因为,不管我把他视为伊斯兰教革命的拥护者以及后来伊斯兰教革命阵营中的知识战士,或者视为直言不讳的批评者,几乎心碎、愤慨地离开它,我都不曾怀疑我朋友的真诚。他在第一个角色和第二个角色中都完全令人信服——是个热情洋溢、口才流利、光芒四射的有力的辩护者。

在此我不该假装在我朋友整个苦难过程中我是个超然的局外人。我俩在20世纪70年代都支持巴勒斯坦民族主义,共同反对美国笨拙的介入角色,那种角色在我们的思维方式看来是不公不义的,他不合时宜地为伊朗国王撑腰,并且安抚、支持以色列。我们都把自己的民族视为残暴无道、麻木不仁的政策的受害者:压迫、剥夺、贫困。当然,我俩都是流亡者,虽然我必须承认即使在当时我就已经认命了,决定一辈子成为流亡者。我朋友的阵营获胜时,我很欣喜——不只因为他终于可以回家了。自从1967年阿拉伯战败之后,伊朗革命的成功是那个地区对西方霸权的头一次重大打击。这个革命来自教士和平民的奇异组合,连最老练的马克思派中东专家都大惑不解。我俩都把这场革命视为胜利。

但对我这个也许是冥顽不化的世俗的知识分子来说,从未对霍梅尼有太大的好感,即使在他成为至高无上的统治者,露出黑暗专制、固执不变的个性之前便已如此。我既非参与者或党员,也从未正式担任公职。我的确习惯处于边缘,置身权力圈之外;也许因为我无能在那个迷人的圈子里占一席之地,所以对局外人这种身份的美德有一套自己的说词。对于那些掌握权势、领导政党和国家、具有基本上不受挑战的权威的人士,我从未能完全相信,因为他们毕竟**只是**凡人。英雄崇拜,甚至英雄主义观念本身,应用到大多数政治领袖时,总是令我心寒。我看到我的朋友加入、脱离,然后再加入不同阵营,经常伴随着重大的结合和拒绝的仪式(比方说,放弃他的西方护照,后来又取回),我心中有一股奇异的欣喜之情,因为身为具有美国公民身份的巴勒斯坦人似乎是我唯一的命运,下半辈子不会出现其他更具吸引力的选择机会。

我曾经担任过巴勒斯坦流亡议会[巴勒斯坦全国委员会(Palestine National Council)]的独立议员达十四年之久,但我参与会议的日数总和大约只有一星期。我留在委员会是作为一个团结、甚至反抗的行动,因为我觉得在西方以那种方式暴露自己的巴勒斯坦人身份具有重要的象征意义——公然与抵抗以色列政策、赢得巴勒斯坦自决的奋斗挂钩。我拒绝人们提供给我的所有官方职位;从未参加任何政党或派系。在"起义"(*intifada*)[1]第三年时,官方的巴勒斯坦政策在美国对我造成困扰。我在阿拉伯的论坛中广泛表达自己的见解。我从未放弃奋斗,也未加入以色列或美国那边,因为我拒绝和自己依然视为造成我民族苦难的那些势力合作。同样,我从未为阿拉伯国家的政策背书,甚或接受它们的官方邀请。

我完全承认自己这些也许过于反抗的立场,其实延伸自身为巴勒斯坦人那种知其不可为而为、普遍失利的结果:我们缺乏领土主权,只有小小的胜利以及微小的空间来庆祝这些胜利。也许这也说明了为什么我不愿像许多人那样完全投入一个运动或政党,在信念与支持上毫无保留。我就是做不到这一点——宁愿保有局外人和怀疑者的自主性,而不愿具有改信者与真正信仰者的热心所传达出的模糊的宗教性质。1993年8月以色列与巴勒斯坦解放组织的协议宣布后,我发现这种批判的超然意识(sense of critical detachment)适合我——至于效果如何现在尚未完全确定。在我看来,媒体所诱发的一片欢乐气氛,更别提官方的欣喜与满足的宣告,掩饰了巴解组织领袖只是向以色列投降的残酷真相。在那时说这种事会使自己成为少数,但我觉得为了知识和道德的理由非说不可。然而,我所述说的伊朗的经验,可以和其他改信和公开认错的插曲直接比较,这些插曲点缀了20世纪知识分子的经验,这里所要考量的就是我最熟知的西方和中东世界里的这些现象。

打从开始我就不愿含糊其词或让自己保有太多的暧昧:我反对改信和相信任何种类的政治神祇。我认为这两种行为都不适合知识分子。这并不意味着知识分子应该留在岸边,只是偶尔沾湿一下脚趾,大多数时间保持干燥。我在这些演讲中所写的每件事都强调:对于知识分子来说,热情的介入、冒险、公开露面、献身于原则、辩论和参与世俗事业可能招致的伤害,这些都是重要的。例如,早先我对专业的和业余的知识分子的区别正基于此:专业人根据专业的标准而宣称超然,并假装客观;业余者既不为奖赏也不为实现眼前的职业计划所动,而是献身投入公共空间中的观念与价值。知识分子随着时间的进展自然转向政治世界，部分是因为那个世界不像学院或实验室，反而因为受到显而易见的权力和利益的考量而具有活力，使得整个社会或国家（和马克思的预言一样）把知识分子带离相当审慎的诠释问题，转到有意义得多的社会改变和转型的问题。

每位知识分子的职责就是宣扬、代表特定的看法、观念、意识形态，当然期望它们能在社会发挥作用。宣称只是为了他或她自己、为了纯粹的学问、抽象的科学而写作的知识分子，不但不能相信，而且**一定不可以相信**。20世纪的大作家热内就说过，在社会发表文章的那一刻就已经进入了政治生活；所以如果不要涉及政治，那就不要写文章或发表意见。

改信现象的核心在于加入，不只是结盟，而是服侍和勾结——虽然人们不愿使用勾结这个字眼。在西方，尤其美国，很难找到比冷战时更难以置信、更不愉快的事例：成群结队的知识分子加入了当时被认为是为了全人类的心灵之战。1949年克罗斯曼（Richard Crossman）编了一本极著名的书，体现了知识分子在冷战中很奇怪的善恶二元论的观点，[2]书名叫作《失败的上帝》(*The God That Failed*)。在人们遗忘了这本书的内容之后，这个书名和明显的宗教戳记依然令人印象深刻，其内容值得在此摘述。

《失败的上帝》用意在于提供杰出的西方知识分子轻易受到蛊惑的证词——这些人中包括了西洛内（Ignazio Silone）、纪德、凯斯特勒（Arthur Koestler）、斯班德（Stephen Spender）[3]——因此让每个人详述前往莫斯科之路的经验，其后无可避免地醒悟，以及后来重新拥抱非共产主义的信念。

克罗斯曼在该书绪论的结语中,以强调的神学语气写道:"魔鬼一度住在天堂,没有见过魔鬼的人,遇到天使时也不大认得出来。"[4]这当然不只是政治,也是中世纪末灌输善恶观的道德剧。[5]知识之战被转变成灵魂之战,暗示知识分子很不幸的生活。在苏联和其卫星国家中当然如此,因为公审、大清算、庞大的监禁系统代表了铁幕另一边苦难之恐怖。

在西方,许多以往的同志经常被要求当众悔过,当其中包括了像是《失败的上帝》中所搜集的那些名流时,看来很不体面;而当它造成了集体的歇斯底里时——在美国造成特别令人震惊的事例——情况则糟得多。对于像我这样于20世纪50年代从中东来到美国的学生,适值麦卡锡主义(McCarthyism)盛行,它形塑了一个神秘地嗜血的知识阶层,至今依然沉迷于极端夸大的内在和外在威胁。那完全是一种令人灰心丧志的自找的危机,表示了不用脑筋的善恶二元论胜过理性的、自我批判的分析。

有的人整个生涯不是建立在知识的成就上,而是建立在证明共产主义的邪恶,或忏悔,或密报朋友、同事,或再度与以往朋友的敌人勾结。整个话语体系来自反共产主义——从意识形态的终结学派(the end of ideology school)的实用主义,到过去几年来其短命的继承者:历史的终结学派(the end of history school)。在美国,有组织的反共产主义绝非被动的防卫自由,而是积极由中央情报局秘密支持在其他方面无懈可击的团体,如文化自由协会[Congress of Cultural Freedom,这个机构不只向全世界推荐《失败的上帝》,也资助类似《文汇》(*Encounter*)这类杂志],并渗透到工会、学生组织、教会、大学。

第六章 总是失败的诸神

显然，许多以反共产主义为名的成功事例都被支持者当成运动而记录下来。然而，其他较令人不敢恭维的特色则是：首先，借着狂热的、终至非理性的戒条式的系统（今天"政治正确性"的鼻祖），破坏公开的知识讨论以及热烈的文化辩论；其次，某些在公开场合自我残害的形式一直延续到今。与此二者并行的就是一些卑鄙的习性：从一个团体得到奖赏和特权，却又加入另一边，向新主子寻求奖赏。

眼前我要强调的是特别令人不悦的改信和公然悔过的美学（aesthetics of conversion and recantation），对于相关的个人而言，公开表示同意以及日后的变节如何在知识分子身上产生一种自恋和暴露的心态，而这些知识分子和他们理当服务的人民和过程已经失去联系。在这些演讲中，我几度说过在理想情况下，知识分子代表着解放和启蒙，但从不是要去服侍抽象的观念或冷酷、遥远的神祇。知识分子的代表——他们本身所代表的以及那些观念如何向观众代表——总是关系着而且应该是社会里正在进行的经验中的有机部分：代表着穷人、下层社会、没有声音的人、没有代表的人、无权无势的人。这些都是同样的具体而且正在进行；把它们转型然后僵化成教条、宗教的宣言、职业的方法，它们就无法存活。

这类转型斩断了知识分子和所参与的运动或过程之间活生生的联系。再者，另一个惊人的危险就是认为自己、自己的观点、自己的正直、自己表明的立场是最重要的。阅读《失败的上帝》里的证词对我而言是沮丧的事。我要问的是：为什么身为知识分子的你竟然相信神祇？此外，谁赋予你权利去想象你早先的信仰和后来的醒悟是那么的重要？在我看来，宗教信仰本身既可以理解，又是极个人的事。然而，如果完全教条式的体系认定一边是完全善良、一边是完全邪恶,当这种体系取代了活泼的、你来我往的互动过程时,世俗的知识分子觉得一个领域对另一个领域的侵犯是不受欢迎而且不合适的。政治变成宗教的热忱——就像当今南斯拉夫的情况一样——结果造成了种族清洗、大屠杀和无休无止的冲突,让人想来就觉得恐怖。

　　反讽的是,旧有的改信者和新信者经常是同样不宽容、同样教条化和极端。可悲的是,近年来从极左派到极右派的摆荡造成了一种单调乏味的行业,这种行业伪装成独立和启蒙,但尤其在美国却只是反映了里根主义(Reaganism)和撒切尔主义(Thatcherism)的得势。这种特殊的自我宣传在美国自称为再思(Second Thoughts),意指狂飙的60年代的初思(first thoughts)既激进又错误。在20世纪80年代末期,再思在几个月之间声誉鹊起成为一种运动,从右派慷慨的赞助人,如布莱德雷与欧林基金会(Bradley and Olin Foundations),得到惊人的资助。特定的执行者就是霍洛维兹(David Horowitz)和柯里尔(Peter Collier),他们笔下流泻出一长串本本类似的书,大都是揭露以往的激进分子在见到灵光之后,(套用其中一个人的话说)已经变得强力支持美国,反共产主义。[6]

　　如果60年代激进分子的反越战、反美国的论争,在表达自己的信念时很肯定并自我夸张,再思运动者也同样大声和肯定。当然,唯一的问题就是现在没有共产主义世界、没有邪恶的帝国了——纵使自我修正和虔诚的忏悔前愆的形式并无限制。其实所真正颂赞的是由一个神祇转换到另一个新神祇。以往的运动部分是基于热情的理想主义和不满现状,但再思运动者在回溯时却把它简化、重新塑造成只不过是在美国的敌

人面前卑躬屈膝,漠视共产主义的残暴。⁷

在阿拉伯世界,纳赛尔(Gamal Abdel Nasser, 1918-1970)时代的泛阿拉伯民族主义(pan-Arab nationalism)虽然英勇,但也许有些不切实际,有时更具有破坏性,它在20世纪70年代声势减弱;取而代之的是一套本土的、区域性的信条,这些信条大都由不受欢迎、缺乏创见的少数人政权严苛执行,现在受到许许多多伊斯兰教运动的威胁。然而,每个阿拉伯国家依然存在一种世俗的、文化的反对力量;最有才华的作家、艺术家、政治评论家、知识分子通常是其成员——虽然他们只是少数,而且许多被迫沉默或流亡。

一个更不祥的现象就是产油国的权力和财富。许多耸人听闻的西方媒体把注意力放在叙利亚和伊拉克的阿拉伯复兴社会党政权(Baathi regimes),却忽略其他政府以更悄然、阴险的压力逼人顺服,这些政府有许多钱可以花用,并提供学院人士、作家和艺术家丰厚的资助。在波斯湾危机和战争时,这种压力特别明显。在危机发生之前,进步知识分子不加批评地支持、辩护阿拉伯主义,因为他们相信自己是在促进纳赛尔主义的理念以及万隆会议(the Bandung Conference)和不结盟运动的反帝国主义、支持独立的精神。就在伊拉克占领科威特之后,知识分子大幅重新结盟。有人认为埃及的整个出版业和许多新闻从业人员发生了180°的转变。以往的阿拉伯民族主义者突然开始歌颂起沙特阿拉伯和科威特,这两个国家以往是被痛恨的敌人,现在却成了新朋友和赞助人。

也许是因为提供了有利的奖赏,才促成了180°的转变,但是阿拉伯的再思运动者也发现了他们对于伊斯兰教的热情,以及某个波斯湾统治王朝的奇异美德。只不过在一两年前,他们之中有许多人（包括资助萨达姆·侯赛因的几个波斯湾政权）主办庆典，歌颂伊拉克击退了阿拉伯主义的宿敌"波斯人"。那些早先的用语是缺乏识别力的，夸大其词，充满情绪，散发出浓厚的英雄崇拜和类似宗教的气息。当沙特阿拉伯邀请美国总统布什和他的军队进入时，这些声音都改变了。这一次，他们正式、再三反对阿拉伯民族主义，把这种民族主义转换成粗糙的拼凑之物，并且不加批判地支持当前的统治者。

对于阿拉伯知识分子来说情况更为复杂，因为美国新近成为今日中东地区的主要外来势力。以往自动的、不假思索的反美——这种反美是教条式的，充满了陈腔滥调，荒谬地简单——却奉命变成了亲美。在整个阿拉伯世界的许多报章杂志，尤其那些众所周知接受现成波斯湾资助的报章杂志，对于美国的批评显著减少，有时完全排除；这方式与通常禁止批评已被神化的政权如出一辙。

一小撮阿拉伯知识分子突然发现自己在欧美的新角色。他们曾是好战的马克思主义者，经常是托派（Trotskyists），支持巴勒斯坦运动。在伊朗革命之后，有些变成伊斯兰主义者。随着神祇的逃逸或被驱逐，这些知识分子就沉寂了下来——虽然在他们寻求服侍新神祇时偶尔会用心探索。特别是其中一位曾为忠诚的托派，后来放弃了左派，而像许多人一样转赴波斯湾从事建筑业而致富。在波斯湾危机之前，他重新现身，激烈批评某一阿拉伯政权。他从未用本名写作，而是用一连串化名保护自己的身份（和利益），他不分青红皂白、歇斯底里地痛批整个阿拉伯文化；这种方式为他赢得了西方读者的注意。

如今每个人都知道，在主流的西方媒体批评美国政策或以色列是极端困难的；相反，发表敌视阿拉伯民族和文化或伊斯兰教的意见却是容易得可笑。其实,西方的发言人和伊斯兰教、阿拉伯世界的发言人之间存在着一场文化战争。在这种炽热的情境中,知识分子最难做的事就是批判,拒绝采用地毯轰炸式的修辞风格,转而集中于类似美国支持不受欢迎的附属政权那些议题;对于在美国摇笔杆的人来说,这些更可能被批判式的讨论所影响。

当然,另一方面,身为阿拉伯知识分子的若干行径几乎肯定可以得到读者,例如热切地、甚至奴隶般地支持美国政策,攻击那些批评美国政策的人,如果那些批评者是阿拉伯人,就捏造证据来显示他们的卑劣;如果那些批评者是美国人,就拼凑一些故事和情境来证明他们的狡诈;编造有关阿拉伯人和伊斯兰教徒的故事,以达到诬蔑他们的传统、扭曲他们的历史、强调他们的缺点(缺点当然很多)的效果。尤其是攻击官方认定的敌人——萨达姆·侯赛因,复兴主义(Baathism),阿拉伯民族主义,巴勒斯坦运动,阿拉伯人对于以色列的看法。当然,这都会为你赢得所期盼的奖赏:被形容为具有勇气、勇于发言、充满热情,等等。新神祇当然就是西方。你说,阿拉伯应该尝试更像西方,应该视西方为源头和参考的标准。西方实际行径的历史不见了。海湾战争的破坏性结果不见了。我们阿拉伯人和伊斯兰教徒是病人,我们的问题是我们自己的,完全是自找的。[8]

这类表演凸显了一些事情。首先,这里根本没有普遍性。因为你毫不批判地服侍一位神祇,以致所有的魔鬼总是在另一边:当初身为托派时如此,现在洗心革面、公开认错后依然如此。你不以相互关系或共同历史的方式来看待政治,例如把阿拉伯人和伊斯兰教徒牵连上西方长久、复杂的动态关系,或者把西方牵连上阿拉伯人和伊斯兰教徒。真正知识分子的分析不许把一边称为无辜,而把另一边称为邪恶。的确,当争论的对象是不同的文化时,分边的观念是很有问题的,因为大多数的文化不是密封的小包裹,装着相同的内容,不是全善就是全恶。但如果你的眼睛是望着主子,就不能像知识分子般去思考,而只是个门徒或追随者。内心深处则是必须取悦、不得忤逆的念头。

其次,自己服侍以往的主人的历史当然就被踩在脚下或说成是鬼迷心窍,但这并未在你身上激起丝毫的自我怀疑,并未激起任何欲望去质疑大声服侍神祇此一前提,然后不假思索地转向为新神祇做同样的事。绝非如此。由于过去由一个神祇倒向另一个神祇,现在继续做同样的事——的确是更犬儒一点,但最后的结果是相同的。

对比之下,真正的知识分子是世俗之人。不管知识分子如何假装他们所代表的是属于更崇高的事物或终极的价值,道德都以他们在我们这个世俗世界的活动为起点——他们活动于这个世界并服务于它的利益;道德来自他们的活动如何符合连贯、普遍的伦理,如何区分权力和正义,以及这活动所展现的一个人的选择和优先序列的品质。那些总是失败的神祇最终所要求于知识分子的,是一种绝对的肯定和全然无缺的现实观,他们眼中不是门徒便是敌人。

对我来说有趣得多的是,如何在心灵中保有一个空间,能够开放给怀疑以及部分的警觉、怀疑的反讽——最好也是自我反讽。是的,你有信念,下判断,但这些信念与判断来自工作,来自与他人、其他知识分子、基层运动、延续的历史、一套真正生活的联系感。至于抽象概念或正统观念,它们的麻烦在于自身是需要一直被安抚、奉承的主子。知识分子的道德和原则不该构成一种封闭的变速器,驱使思想和行动前往一个方向,而且提供动力的引擎只能使用单一的燃料。知识分子必须四处走动,必须有立足的空间并反驳权威,因为在今天的世界里,毫不质疑地屈从于权威是对主动的、道德的、知识的生活最大威胁之一。

很难一个人面对那种威胁,更难找到一种方式在与自己的信念保持一致的同时,保有足够的自由去成长、改变心意、发现新事物、重新发现一度搁在一旁的东西。身为知识分子最困难的一面就是代表经由你的工作和介入所宣告的事情,而不僵化为一种体制或机器人,奉一种系统或方法之令行事。既能成功地达到那个境界,**而且**也成功地保持警觉、扎实——任何感受到这种欣喜的人,将体会到那种融合是何等的稀罕。但要达到这种境界的唯一方法就是一直提醒自己,身为知识分子能在主动地尽力代表真理和被动地让主子或权威来引导之间选择。对于世俗的知识分子而言,**那些**神祇总是失败。

注释

1 译注:指巴勒斯坦人于1980年代末期发起的运动,抗议以色列占领约旦河西岸和加沙走廊(Caza Strip)。

2 译注:善恶二元论(Manicheanism)来自印度摩尼教的观念,认为善与恶为独立的神的实体,宇宙及人心即为此二神的斗争场所。

3 译注:西洛内(1900—1978)是意大利作家,以其反法西斯小说而闻名,曾参与创建意大利共产党(1921),后又脱党,被迫流亡瑞士(1930);凯斯特勒(1905—

1983)是匈牙利裔英国小说家、新闻记者,20世纪30年代曾为共产党员,被关入法西斯集中营;斯班德(1909—1995)是英国诗人、评论家,20世纪30年代左翼青年诗人。

4 《失败的上帝》[*The God That Failed,* ed. Richard Crossman(Washington, D.C.:Regnery Gateway, 1987)], p. vii。

5 译注:道德剧是西方中世纪的宗教剧,以拟人化的抽象观念构成戏剧冲突,目的在于劝人为善,宣扬教义。

6 悉钦思(Christopher Hitchens)对于再思会议(Second Thoughts conference)有个精辟、有趣的说法,参阅《争辩集:论文与弱势报告》[*For the Sake of Argument: Essays and Minority Reports*(London:Verso, 1993)], pp.111-114。

7 汤普森《醒悟或变节?俗人的布道》(E.P.Thompson, "Disenchantment or Apostasy? A Lay Sermon")一文在讨论各式各样的自我否认上很有价值,文收《权力与意识》[*Power and Consciousness,* ed. Conor Cruise O'Brien(New York:New York University Press, 1969)], pp.149-182。

8 这些态度中有若干显见于沙耶冈的《文化的精神分裂:伊斯兰教社会面对西方》[Daryush Shayegan, *Cultural Schizophrenia: Islamic Societies Confronting the West*, trans. John Howe(London:Saqi Books, 1992)]。

附录一　论知识分子
——萨义德访谈录

主访人：单德兴
时　间：一九九七年八月十八日
地　点：美国哥伦比亚大学

前　言

　　近年来因研究工作数度与萨义德教授联络，总因他工作忙碌及健康因素未获回音。最近一两年为了本书的中译，先后直接或通过与他同校的王德威兄联络，依然没有具体结果。1997年8月我亲自走访美国东岸的哥伦比亚大学，几次与他秘书联络，在得知我将在21日离开纽约后，终于敲定18日下午五点在他的研究室见面，但会面时间长短连他秘书都不知道。

　　为了访问萨义德，去年10月便传真三页题目给德威兄，请他就近代为访问，但那几个月萨义德身体状况不佳，经常进出医院。此次访谈除了大半根据上次列出的题目之外，另根据翻译本书及近来阅读相关著作的感想拟了一些问题。虽然联络过程曲折、艰辛，但萨义德一决定后便专程到研究室接受访问。在我所作的近二十次访谈中，以这次最难得也最困难。难得的是这是配合专书的中译出版所作的访谈，而且为此绕了半个地球登门拜访。困难的是访谈对象联络不易，而且时间长短不得而知（甚至在访谈之前我问有多少时间,他还说今天身体状况欠佳,不知能支撑多久）,只得特地把两次拟妥的问题再标出优先顺序,先从重要的问题问起,而且要维持上下文的连贯,也准备在他要叫停时可以随时跳到总结的问题。另一方面心里暗自盼望他的身体状况足以回答我所准备的许多问题,因为机会难得,稍纵即逝。

结果访问过程顺利,萨义德不但回答了所有的问题,而且态度诚恳、和善。他的反应迅速,条理分明,活力及兴致之高令人惊讶,看不出受到恶疾多大的影响,在仔细聆听问题之后,以略带口音的英文坦诚回答了以下的问题。

访 谈 录

单：中文读者拥有数千年悠久的知识分子传统。面对《知识分子论》一书的中文读者,你有何感想？

萨：我觉得必须谦虚。不过,我也来自一个很古老的传统——我们拥有悠久的知识分子和律法学者的传统。我想,其中有许多相似之处；但是中国传统和我们的阿拉伯—伊斯兰传统当然很不一样。虽然我对中国传统所知不多,但我认为这些传统都有宫廷的知识分子(court intellectuals),也就是对有权势的人发言的知识分子,而他们自己也成了有权势的知识分子。我们的传统中这种人也很多。我一向反对这种情形。我一向觉得知识分子扮演的应该是质疑,而不是顾问的角色,对于权威与传统应该存疑,甚至以怀疑的眼光看待。那一点是我特别要说的。

单：这本书有没有翻译成其他语言？

萨：已经翻译成法文、日文、德文、瑞典文、西班牙文、意大利文、阿拉伯文、土耳其文、葡萄牙文、希腊文，也许还有其他一两种语文。

单：阿拉伯世界接受的情形如何？

萨：这个嘛，有很大的争议，因为知识分子与政治责任之间的关系显然很重要。在法国和阿拉伯国家中批评我不够注意负有政治责任的知识分子，也就是负责规划、制定政策的知识分子的角色。我的重点在于不负责规划、制定政策的知识分子。我认为知识分子应该知无不言、言无不尽，不顾任何艰难险阻。当然，在阿拉伯世界的另一件大事就是我们有层层的检查制度，知识分子很难坦言无讳，但至少那本书出版一年后能引发辩论。我的两本政治著作在约旦河西岸都被阿拉法特查禁。因此，问题再度回到：在艰难的时刻，知识分子是支持国家的理念重要，还是批评更为重要。而我采取的立场是：批评更为重要。我认为年轻人对于这一点的反应较好。老一辈的观念是：你可以既身为知识分子，又与权力挂钩。这是我难以苟同的。我的意思是说，我根本不相信一个人可以成为我所定义的知识分子并且拥有一官半职。所以，那就是在阿拉伯国家引发辩论的主要成因。

单：你曾专文讨论过"旅行的理论"的观念。如何以此观念来看待这种现象？

萨：是的，我要告诉你的是：在我的所有著作中，以对于这本书的反应最为一致。不管是法国、西班牙、德国、瑞典……对于知识分子应该做什么以及知识分子的责任，总是争辩不休。虽然这些语言中有些是我不懂的，也不完全了解他们所说的一切，但从上电台、电视接受访问等的情形来判断，我很惊讶不管是在法国、黎巴嫩、埃及或日本，对于这本周游各国的书反应多少是相同的。人们说我触及了他们社会中的真实情境，即使我对那些社会一无所知。而我认为一再出现的主要问题就是言论自由的问题，某人在社会中限制言论自由，而那是我反对的，我认为知识分子的言论自由不该受限制。

单：回顾自己的学术生涯，有无可能加以分期或归类？每个时代或类别各以哪些著作来代表？

萨：的确，是有可能，是有可能的。我从小成长的背景是在中东。虽然我经历了1948年巴勒斯坦最后那段日子，1952年的埃及革命，1958年的黎巴嫩内战——这些都是我背景的一部分——但是我们全家都未涉入政治。而我在美国接受的是体制内的良好教育，大学念的是普林斯顿，拿的是哈佛的博士学位，我是个文学学者，来到纽约的哥伦比亚大学担任文学的助理教授。但1967年是我的转折点，那年的以阿战争让我知道我所认识的世界已经消失了。消失的原因许多来自美国这个超级强国以及对于中东世界影响最大的外来势力。因此，打从1967年后我的第一本书《开始》，试着重新形塑我对于知识分子的使命感。我自1967年后——其实自《开始》之后——所写的书具有政治和知识的活力。因此，《东方学》是第一本结合政治和知识、学术的书。同时自20世纪70年代之后，我在政治上介入巴勒斯坦运动。虽然我住在美国这里，但家人住在中东，所以我会去约旦、黎巴嫩和许多地方。因此，要分期的话，第一期是对文学生产的存在问题的兴趣（an interest in existential problems of literary production）。其次是理论期——《开始》——形塑整个计划的问题。第三期是政治期，这一期的作品包括了《东方学》《报道伊斯兰》《巴勒斯坦问题》，并且延续好些年。最后一期，也就是我现在写作的时期，又更多回到美学。我正在写回忆录；也在写一本书讨论我所谓的"晚期风格"(late style)——艺术家在艺术生涯最后阶段的风格；而且，我正在钻研音乐，写了一本有关歌剧的书，将由剑桥大学出版。因此，我又回到了美学。当然，我的政治关怀持续不断，因为我也为报章杂志撰稿，一个月固定为阿拉伯世界写两三篇时事评论。

单：我注意到你的第二本书《开始》的结尾提到知识分子的角色，因此你关注知识分子的问题已经超过二十年了。为何有如此长期的执着？

萨：这个嘛，我想这是执着于自己所做的事。因为我思索直接政治介入的问题至少二十五年了，而我一向选择的是知识分子的计划，因为对我个人来说这比直接涉入政治更重要，原因如下：(一)我是流亡在外的人，我想在这里流亡扮演了很重要的角色；(二)我的个性和禀赋偏好孤独，我可以跟人应对，但不擅与群众相处，一直与人打交道这种事是我做不来的；(三)政治生涯包含了太多的妥协，这种事我也做不来。不过我必须说，巴勒斯坦的处境使我在这三四年来更接近政治，因为我想我现在成了阿拉法特的主要对手。如果健康情况更好的话，我一定会更认真参与政治，但现在只能通过文字、说话这种方式。如果身体状况允许的话，我一定会做，因为我认为这是现代史上最关键的时期。我认为阿拉法特和当今的领导阶层名誉扫地。你知道，谦虚地说，我的写作和努力已经在阿拉伯世界得到很多注意和支持。因此对我来说这是一个很重要的群众基础，而我也愿意多花些时间，但现在却做不到。

单：在中文世界里，你以《东方学》的作者著称，而你也提到《东方学》《报道伊斯兰》《巴勒斯坦问题》是三部曲。能不能谈谈这一点?

萨:那当然。在这三本书中,我集中于再现的问题,以及再现作为研究的对象与政治、经济机构的研究之间维持着多少自主——而不是完全独立、不相往来——的关系。对我来说。再现的研究是重大的文化议题,而我在那三本书中所处理的就是再现的力量——以强制和知识力量的方式,决定所谓非欧洲人的命运,因此西方描绘伊斯兰世界的方式与犹太复国主义者把巴勒斯坦描绘、再现成空白之地的方式有关,根本不把土著放在眼里。这也和媒体的方式有关,而这是《报道伊斯兰》的主题:当代媒体把伊斯兰世界再现成恐怖、非理性的世界,等等。但是,我认为这三本书的用处在于它们能延伸到其他文化脉络中的再现,以及再现的意义和形塑等问题,也能与当前亨廷顿所说的文明的冲突这个议题相关。我认为那是一个自然发展的过程。因此,我试着做的便是谈论这些作品所具有的解放效应,也主张更仔细地分析文化可以使我们超越"'我们'对抗'他们'"这种思考模式。

单:我们谈谈对于"东方"的另类看法。你把阿拉伯世界当成与西方相对的东方,却很少谈到亚洲国家。然而,中文世界或所谓的远东在地理位置上却比中东更东方。许烺光(Francis L. K. Hsu)在对比东方与西方时,把印度和中东排除在他所定义的东方之外(对他而言,"'东方'以中国、日本、韩国为中心,以缅甸、泰国、印度支那、印尼为边缘,而排除了印度;'西方'指的是欧洲和欧洲人所占领的所有其他文化地区以及阿拉伯、非洲、撒哈拉以北")。对于这种东方与西方的定义,你有何回应?

萨:东方的观念是极具弹性的,而这也正是我的论点之一。它可以用无数的方式来指涉与"我们"不同的对象。我集中于伊斯兰世界只是为了分析方便,因为这**一个东方**(an Orient)长久以来被认为是**整个东方**(the Orient)。我在那本书中也讨论到一点,那就是"那个东方"(伊斯兰或中东)逐渐被一个更遥远的东方(中国、日本和远东)所取代。但我也要说,这些不同的东方之间彼此关联。因为都代表西方的对立面,而且它们也是可以使用的旅行的术语。举例来说,阿拉伯人在西方被称为东方人,但他会说中国人才是东方人,而自己则不同,这是常有的事。因此,这是能被人使用的众多诡诈的字眼之一。我认为它总是包含了一点点仇外心理,一点点敌意和怀疑。因此,我认为对于这种情形应该特别留意。

第二大点就是:对于每个东方而言,总是有个西方或相对的事物。因此可以有东方主义,也可以有西方主义,也就是把西方变成神话(the mythification of the West)。近年来我在哥伦比亚大学经历到的一件趣事就是,这里的学生发展出亚裔美国人(Asian Americans)的观念,这个观念通常指的是华裔和日裔。我就问:"那么印度裔和阿拉伯裔呢?"他们说:"他们不是亚裔。"我说:"阿拉伯裔当然是亚裔,印度裔当然也是。"这就变成了一个专有的术语:"'我们'是东方人,你们不是。"我发觉这类事情很好笑,这个术语经过这种转折,把原先遥远、疏离的术语变成了据有(appropriation)的术语:"'我们'是东方人。你们不是。"

单:去年哥伦比亚大学在这里举行了"《东方学》之后:萨义德作品研讨会"("After *Orientalism*: A Conference on the Work of Edward Said")。这本书出版至今将近二十年了,但是今天即使在纽约的百老汇,我们依旧看到像《国王与我》(*The King and I*)和《西贡小姐》(*Miss Saigon*)这类东方主义式的再现。[1]

萨：听着，情况更糟，我认为情况更加恶化了。今天我刚读到一篇文章，是有关和戴安娜王妃一块出游的埃及花花公子。如果你读那篇文章就会发现是活脱脱来自19世纪末的种族歧视、帝国主义式的写作，处处暗示因为这个埃及花花公子是东方人，所以他的性能力更强——当然，这里的性很重要。[2] 而且如果你看看百老汇、电影，现在电影里的坏人都变成了亚洲人。以往坏人都是俄国人，现在变成了哈萨克人、巴勒斯坦人等。你有没有看过《空军一号》(*Air Force One*)这部电影？[3]

单：还没有。

萨：去看看。电影主要是为了大众。当然，007电影里坏人总是中国人或日本人。我认为现在的情形每况愈下，仿佛过去那些角色复活、再生，来满足大都会世界白人中产阶级的幻想。

单：你认为要如何因应这种文化生产或错误再现(misrepresentation)？

萨：这个嘛，要做的事很多，首先我认为必须加以分析，以批判的眼光来检视这一切。让人们可以看到实际发生的情形。对我来说，最重要的便是把它连接上种族歧视思想的历史。由于现在许多年轻人都具有双文化的背景——这也是为什么年轻人的角色特别重要——因此必须诉诸这种情形，让人了解必须不以排外的方式来思考，不以单一的方式(像是东方人、亚洲人、华人、日本人或任何这些大术语)来思考，而是去解构它们，去显示每个文化都是混杂的，如果要尝试分离出某个文化认同单一、纯粹的本质是极危险且错误的——在这里我们可以谈论正确与错误。而文化研究已经成为这一类的科学，来探究文化运作的方式，传统被创造出的方式，再现与刻板印象成为真实的方式,等等。而那也和媒体的力量有关。我认为当务之急便是把所有这些现象整合到一个宽广的知识、文化、意识形态的领域,并显示它们如何运作,而且在我看来这些现象对任何人都没有好处。

单:所以这一方面与你批判所谓"历史的终结学派"有关,另一方面与你批判"意识形态的终结学派"有关。

萨:是的。我认为这两个学派都是错误的。我的意思是说,意识形态继续存在。去看看《空军一号》,那是我这辈子所看过最具意识形态的电影,简直令人难以置信,片中不断强调美国的象征。

当然,"历史的终结"是胡说八道,因为历史继续使我们惊讶。当代历史一直动荡不定,以致"历史的终结是中产阶级的民主国家"这种荒谬的观念只可能产生在美国。但那已受到驳斥,现在再也没人谈了。那个观念只出现了短暂的时间,现在已经消失了。

单:"意识形态的终结"呢?

萨:我认为我们生活的世界依然在考量"意识形态的终结"。塑造出那个术语的贝尔(Daniel Bell)是我的同事,我在哥伦比亚大学与他很熟。当然,随着"冷战"的结束,或如美国人所说的,当"我们"赢了"冷战"时,意识形态就已经消亡了。但我认为现在美国和世界上许多非欧洲的地区都出现了许多批判的论调,指出在资本主义和资本主义意识形态的地区,经济问题并未完全解决。所谓的自由市场经济依然没有正视、处理许许多多的意识形态的、经济的、政治的问题。我认为"意识形态的终结"这种说法的吸引力很快就会过去,我们将回到现存的意识形态的大脉络——资本主义——并检视它。目前情况就是如此。

单：《开始》一书很少提到德里达（Jacques Derrida），但在我看来，你"开始"的观念和德里达的"衍异"（différance）的观念有关。

萨：是的，我想是有关系；或者说他"衍异"的观念和我"开始"的观念有关，因为别忘了《开始》一书的主要论文《有关开始的沉思》（"A Meditation on Beginnings"）出现于"衍异"之前。我在1966年秋天与德里达见面，两人有一段时间很留意彼此的作品，然后就分道扬镳了。显然，他的作品欠缺社会、政治、历史的脉络。"不确定性"（indeterminacy）的观念也让我不满意，因为我很感兴趣的是历史的确定（determination of history），而不是意义的不确定性（indeterminacy of meaning）。因此后来他的作品对我变得比较无趣。虽然我崇敬他，彼此也友善，但他的作品是另一回事。他在中国出名吗？是的，我想一定很出名。

单：是的，他以解构批评者著称。《东方学》中福柯有关权力的观念也很明显。但你对他的观念多少也有不满，尤其是有关抗拒的观念。

萨：是的，那当然。他去世后我写了一篇短文《福柯与权力的想象》（"Foucault and the Imagination of Power"），谈论到他有关权力的书中很惊人的模式：权力总是在压迫、降低抗拒。如果你想要从他的书中获得一些可能的抗拒模式的观念，根本就找不到。在我看来，他沉浸于权力的运作，而不够关切抗拒的过程，部分原因在于他的理论来自对于法国的观察。他根本不了解殖民地的变动，对于世界其他地方所出现的有异于他所知道的解放模式，他似乎也没兴趣。举例来说，我最后一次见到他是在1979年,那时他刚从伊朗回来,为一家意大利报纸写了一系列有关伊朗革命的文章。他很失望,因为伊朗革命似乎不像他原先预期的模式。因此,其中有些矛盾之处。他对于非欧洲人觉得不自在。因此,我觉得所有这些事情,尤其有关抗拒的考量,都是他议论中的严重缺失。

单:你曾说过威廉斯是你的好朋友也是伟大的批评家,并推崇"威廉斯的理念和为人的风范"。但是,你对于他关切的范围也有某种程度的不满。

萨:〔笑声〕你挑到……不错,你是知道的,我是个批评家,很难完全推崇所有的人和所有的事,而人们也一直攻击我。我只是认为威廉斯也……他作品中欠缺的是对于英国帝国体系的充分理解,这实在令人惊讶。对我来说他的作品很令人振奋、很有力量,然而除了《乡村与城市》(*The Country and the City*)最后一部分的某一个时刻,他从未真正讨论过帝国,而帝国对我来说是最重大的宰制形式,也是最重要的。因此在那方面,我认为他的范围太狭隘了。

单:你是在美国最早引进欧陆主流理论的学者之一,但另一方面你也运用葛兰西、范农、詹姆斯、赛沙尔等人所发展出的观念。

萨:我感兴趣的是没有系统的人。你无法从葛兰西得到有系统的理论,从范农、詹姆斯、赛沙尔也得不到。这些人涉及文化、政治斗争、奇异的美学形式——举例来说,詹姆斯感兴趣的是板球(cricket)——以及把传统的学科,如哲学和心理学,应用到政治学。而且他们的写作形式也很奇特。葛兰西写的是笔记,他从未写过任何完整的东西,只是些片段。范农的书原先并不是当成书来写的,而是在持续的斗争过程中所写的小册子。詹姆斯写历史和剧本。我的意思是说,他是个博学多闻的人。同样让我感兴趣的是德国哲学家阿多诺,我花了很多时间在他身上,因为他的风格、他对音乐和哲学的兴趣是我想要采纳的。

单:你似乎经常回到经典的作品和作家,像康拉德、奥斯丁等。你曾在几个场合中把自己描述成"在文化上是保守的"(culturally conservative)。

萨:的确。

单:此外,在《音乐之阐发》中,你主要是讨论西洋古典音乐。但另一方面,你也被视为后殖民主义的创始人之一。

萨:那是身不由己〔笑声〕。你知道,这件事很有趣。我对许多文学、许多不同种类的美学形式都感兴趣,但是我的成长背景——我是孕育于你所谓的经典与古典。不过我的孕育方式与本国人不可相提并论,因为对我来说它们都是外国书。我的意思是说,在埃及的男孩读奥丝丁和在英国乡村的人读奥斯丁并不是同一件事。情况就是如此。第二件事就是:对我来说,这些作品决定了美学经验的限制。我的意思是说,伟大的作品设定某种标准,我相信某些作品比其他作品更好。

第三点就是,我也很接近许多在后殖民时期所产生的作品,像拉什迪、阿契贝(Chinua Achebe)的作品,我是率先讨论这些作品的人。他们是我的朋友,是我的经验的一部分。而我也想在其中加入阿拉伯经验,因为那些阿拉伯经验在西方被禁,人们不谈论马哈福兹(Naguib Mahfouz)等人,而我试着把他们引入我所谓的后殖民经验的共同领域。[4]因此,我认为这种情况不是"非此即彼"(either/or),而是"既此且彼"(and/and)。换句话说,我喜欢古典和经典之作,也喜欢新作。我在今天美国所要谈的一件事就是,我的两个同事一直说我们应该回到古典,不该受到性、性意识、性别、种族等事情的烦扰。我说,不,我们得与当代、当代的议题建立关系。如果这包含了以崭新的、有时惊人的方式来重读古典和经典之作——这是我尝试要做的——我认为那很好。

单:你的理论落实于或来自于对某些文本的仔细阅读或重读。能不能谈谈文本阅读与理论形成之间的互动?

萨:是的。对于80年代与90年代的理论作品,也就是说,没有特别对象的理论作品,我很……不是怀疑,而是不耐烦。在很多方面我是个经验主义者(empiricist)。阅读的经验、文本的经验对我而言是首要的。要我不指涉历史经验而创造出理论陈述是很困难的。因此,我一向坚持历史与具体经验的首要性。同时,我也否认天真的阅读的可能性(the possibility of naive reading)。我从未说过你能把这些书当成第一次来阅读,因为我们不是第一次来读,因为我们已经读过许多其他书,我们知道理论、知道马克思、知道弗洛伊德(Sigmund Freud),等等。因此,我尝试要做的就是结合阅读的活力与一直推移、演进的理论结构。

单:阅读你不同阶段的作品时,我发现"再现""世俗性""现世性""抗拒""另类""游牧""混杂""对位""批判意识"等字眼一再出现。你能不能找一条线索把它们串起来?

萨:是的。其中之一就是复杂性与同时性(complexity and simultaneity)。那对我来说很重要。也就是说,当你听到一件事时,也听到另一件。这包括了"对位""另类"和"抗拒"——所以这是一条主线。第二条主线就是强而有力的历史意识,在这方面我回到维科。因为人类创造自己的历史,因此,"世俗"就是由人类的努力所创造出来的事物,而且意识到人类的努力。那可以说明"批判意识""世俗性"那类字眼。我想,那是两个主要类别。第一类观念包括了"流亡""对位""另类""抗拒""他者"。第二类就是人类创造出的历史的领域,而不是神圣的、神造的,其中发展出意识就是历史凸现过程的一部分。我的意思是说,那就是我连接这些字眼的方式。

单:我们能不能进一步说,知识分子的观念,或者你本身作为知识分子,把这些凝聚到一块?

萨:你很聪明,你试着把我钉下来[笑声]。是的,就某个程度而言,是的。我想是如此。当然,对我而言知识分子是在公共领域做这种事的人。我的意思是说,我所谈的是介入。我的作品经常是非常反省式的,而不是设计来作为公共的陈述。我的术语一向很简单。举例来说,1988年在哥伦比亚大学发表的一场演讲中,我谈到缓慢的政治(slow politics)和直接的政治(direct politics):缓慢的政治指的是反省的、沉思的工作;直接的政治指的是知识分子以撰写小册子的方式来介入。

单:你曾说自己是个流亡者和"文化的局外人"(a "cultural outsider"),却又是个很具影响力的批评家。能不能谈谈这个吊诡的角色?

萨:这个嘛,我必须告诉你——我完全坦白——我必须承认我并没有真正意识到自己的影响力。我是很认真地说。那是我从未想过的事。大多数的时间我比较察觉到自己的不定、流亡、边缘化、局外人的处境。因此,我的影响、我被许多人所引用、人们读我的书,这些说法一直令我惊讶。我的意思是说,我对那没有任何持久的信心。我不能一直回过头来说我做过这些。我把自己的书全抛到脑后,好像是别人写的一般。我是很认真的说。那是一种很奇怪的感觉。我写这部回忆录的原因之一就是要找出为什么对自己的作品有这种疏离感。

单：你写了一本书讨论音乐，又写一本书讨论歌剧。能不能谈谈音乐和你的研究之间的关系？举例来说，你提倡"对位的阅读"（contrapuntal reading），而"对位的"一词便来自音乐。

萨：是的，对我来说这两个美学领域——语言文字与非语言文字——之间不停地眉来眼去、若即若离。我的大半辈子都在这两个领域度过——音乐基本上是沉默的艺术，语言则当然是言词与发声的艺术。虽然二者之间并未直接接触、彼此区别很大，但也有共同的因素。因此，我系统地感觉到对我来说主要的活力便是沉默与声音、音乐与言词之间的活力——这两个对立面既迥然有别，又彼此映照，其中有着无穷无尽的迷人之处，因为你永远无法看穿音乐的奥秘。因此，对我的挑战在于尝试以语言描述音乐，去近似它，而不是取代它。

单：你和摄影师摩尔（Jean Mohr）合作的《最后的天空》（*After the Last Sky*）是你作品中独一无二的形式。你的文字文本如何与摩尔的图像文本互动？

萨：这个嘛，刚刚才有人问我这个问题，此人想要访问我并讨论整个有关视觉的问题。对我来说，这是断断续续的。当时我惊讶于这位摄影师的作品，因为他拍摄的巴勒斯坦人基本上是不为人所见的，而这对我具有政治意义。但我必须说，我对于视觉方面从未有系统地发展。我较常使用耳朵、较常阅读。我不是那种上博物馆的人，而我对视觉艺术的品位很奇特，经常基于其他的考量。我从未真正花太多时间有系统地发展视觉方面的理论……

单：你常把它描述成……

萨：……部分是因为……我会给你理由的——抱歉打断你的话,但这是很有趣的事——部分是因为在我成长的那个文化中视觉是难以理解的。有人问我第一次去的是哪个博物馆。我第一次去的博物馆是个埃及博物馆,里面全是古埃及的象征艺术,我根本难以理解。因此,我一向把视觉与难以理解画上等号。当然,在伊斯兰世界里,最没有发展出的便是视觉艺术,只是以抽象的图案出现[他走到对面,指着墙上画框中的图案],就像这样,而不是代表什么东西。因此,我们有的是阿拉伯式花饰（arabesque）,你看墙上这幅图案的中间,就像这样的图案,也有一些重复的图案,但不代表任何东西。我的意思是说,它们不像男人、女人、马匹的图像那样具象。我就在这个传统中长大。因此,比起西方人或贵国,视觉传统对我是专业得多、限制得多的东西。

单：既然如此,那你是如何为那本书撰文的？

萨：[坐回到书桌前]很难,很难。我让自己——我不知道成不成功——我让直觉、记忆、联想来引导自己,而不是让形象与形式的抽象力量来引导。因此对我而言,这些形象中的每一个都暗示了我记忆中的某件事、某个经验。

单：你在第一本书《康拉德与自传小说》中把康拉德描述成"自觉的外国人,以异国的语言撰写隐晦的经验"。这个描述是否解释了你对康拉德的兴趣？

萨：是的,绝对是。我的一生很稳定。我的意思是说,我最常回过头来讨论的作家就是康拉德,因为我在康拉德中注意到的是很类似我个人的经验。那也许并不是康拉德最重要的东西,但对我却是最有趣的,也就是说,经验与语言之间总是有落差,两者从未能一致。

单：你现在的健康情况如何？

萨：从一般到差劲，有时情况很差……但现在还好。因为我有痼疾，总是有些小毛病，感染之后就会疼痛不适，但我已经学会如何和疾病相处了，我的意思是说，我已经学会如何不一直去想它。那是很大的教训——能够只集中于眼前所做的事，活在今天，而不去担忧明天——"我明天会怎么样？我明天能做这个吗？"诸如此类的事。因此，我学会了一种新纪律，而这是必要的。所以大部分时间我觉得乐观，不觉得沮丧。我的意思是说，我会死，但当然每个人都会死，能够坦然面对是一种定力。

单：经常接受访谈的你对于访谈的性质与作用有何看法？

萨：我经常发现访谈中有趣的便是我学习到以往从未思考过的事情。举例来说，在你的访谈中所问的一些问题，像是我所使用的字眼之间的关系或有关视觉的问题，刺激我去思考以往没有思考过的观念，促使我去发表意见并学习，对于这一点我很感激。我不喜欢的是和我个人生活有关的访谈，像是我对于某某人的感受，我上什么学校，家人做些什么那一类轶闻、掌故式的事情。我想写回忆录或自传的人会适当处理那些事情的。但是像你这样具有挑战性的、知性的访谈，对我而言是个学习的经验，让我厘清自己的一些观念，并发展出一些新观念。

单：你对于这个访谈的中文读者有什么特别要说的吗？

萨：是的，随着年事渐长，我更体认到一件事：我的思想受到一种欲求所主控——欲求拥有不同的经验，去体验我成长的文化之外的世界其他地方的不同文化。我一直告诉阿拉伯人：为什么我们一直这么关切西方？为什么我们不往东方看？看看印度、中国、日本——这些都是伟大的文明。我当然十分急于更认识他们,甚至到那里旅行。我去过日本,但是日本和阿拉伯之间的地方则根本没去过。因此,对我来说那是与我阅读过的新文化会面,也是个很好的机会以我自己的语言和另一个文化的人说话,而且也许会得到一些回馈。

注释

1 《国王与我》在百老汇演出数十年之久,一再呈现暹罗国王的封建、落伍、蛮横、自以为是。《西贡小姐》的演出也已进入第七年,剧中对于东方女子的呈现依然沿袭将近一个世纪前普西尼的歌剧《蝴蝶夫人》(Giacomo Puccini, *Madama Butterfly*, 1904),女主角自杀以免成为小孩被生父带到西方过快乐日子的累赘。其中意识形态之反动超过第一位华裔美国女演员黄柳霜主演的《海涛》(Anna May Wong, *The Toll of the Sea*, 1922)。在该默片中的中国女子虽然小孩被生父带走,但至少还能保住一命。当今百老汇的《国王与我》和《西贡小姐》如果说有任何"进步"的话,就是二剧的男主角已改由亚裔扮演,不再由白人冒充[《国王与我》中的国王由华裔的葛雷(Kevin Gray)扮演,《西贡小姐》中的设计者(Engineer)由华裔的王洛勇(Luoyong Wang)扮演]。

2 本访谈之后不到两周(8月31日),戴安娜王妃(Princess Diana)和法耶德[Emad("Dodi")al Fayed]因司机酒后高速驾车企图摆脱狗仔队(paparazzi)追逐,在巴黎一处地下道车祸中丧生。

3 该片中由福特(Harrison Ford)饰演的美国总统,是打过越战的英雄。他不但誓言绝不与恐怖分子妥协,而且在座机及所有随员遭到劫持后,只身重入虎穴,与多名哈萨克恐怖分子周旋,在枪战和肉搏中手刃数人,拯救机上人员脱险,并驾驶严重受创的飞机,在千钧一发之际才离开,可谓智勇兼备,集各种美德与本领于一身。片中的影像与配乐屡屡强调美国的意识形态。

4 马哈福兹于1911年出生在埃及开罗,是公认的20世纪杰出的阿拉伯文小说家,为1988年诺贝尔文学奖得主。

附录二 扩展人文主义

——萨义德访谈录

艾德蒙森（Mark Edmundson，以下简称"艾"）：我们能否由《开始》一书开始？

萨义德（以下简称"萨"）：是的，我想这本书有个自传性的根源，那与1967年的中东战争有关。1967年是我人生的分水岭，因为在那之前我一直都是一分为二：一边在美国哥伦比亚大学教书，以理论来从事英文和比较文学的研究等，一边往返于美国和家人居住的中东之间。

战争爆发时，我在美国这边。那对我是个十分震撼的经验，部分是因为距离，部分是因为巨大的动荡，直到今天我们依然处于其动荡的后果之下。我的意思是说，巴勒斯坦剩下的部分都失去了；阿拉伯军队被摧毁了；埃及总统纳赛尔于6月9日辞职，几天之后又在大众的拥戴中复位。我发觉自己试着接纳那些事件，就在那里偶然发现到开始的重要性，开始（beginnings）与源始（origins）是相对的，是你为自己形塑的某种东西。

我最近评论了克莫德的《结尾的意义》（Frank Kermode, *The Sense of an Ending*）。这本书问世时，我读了觉得很喜欢，并在《先驱论坛报》（*Herald Tribune*）撰文讨论。他的许多东西我都喜欢。但我在文中强调，依我之见人生中关切开始比关切结尾更重要,而且我说这与情境有关。他试着把所有事情加以普遍化,并主张结尾总是最重要的事。

我说,不,有时开始更为重要,并且尝试举出例证:例如,革命时期、心灵生活和普遍意识中的某些时刻。重点在于某些时期要求重新定义一个人的情境,而中东战争显然就是。为了规划自己的走向,需要一种开始的感觉作为起点。

这本书的主题就是其中需要一种意志的行动(the act of will):你得说,"那是我的开始,我要朝这个方向前进。"这是得自维科的重大影响。

此书接着尝试把这个与文学和批评扯上关系。那时我已经吸收了许多晚近的欧陆理论,我注意到欧陆理论感兴趣于类似的重新定义(redefinitions),感兴趣于重新形塑(refashioning)的重要性,以便能做一些新事。换句话说,这整个观念与新奇、革命、新阶段的起始(inauguration)等有关。

因此,这些东西都汇集到一块,而我发现这个新想法对文学研究颇多启发,例如小说其实就与起始有关。这个想法此后就未曾离开过我,因为我一直回到它——你知道,笛福(Daniel Defoe),整个的鲁滨逊计划,在小说史上具有中心的地位。

其次就是下述一些观念:文本是什么?如何思考文本?文本如何经常与特殊的成规和特殊的力量连到一块?这些观念中有些必得和开始、决裂、起点相关。

我也接受了当时出现的批评,尤其是德里达和福柯。

艾:大体来说,对于开始的可能性你比他们乐观得多,是不是?

萨:是的,绝对如此,绝对如此。我们大家,包括他们,都很受到1968年的影响——也就是1968年惊人事件的影响。当然对我个人来说反讽的是,我就像滑铁卢战役中的法布里齐奥(Fabrizio),虽然身为哥伦比亚大学的教师,但在动荡最激烈的时刻却不在场。我当时休假,1967年到1968年间我在伊利诺斯大学,因为我得到那里新设的高等研究中心的奖助金。

1968年仲春,革命在这里爆发时,我接到一封电报,好像是柯克(Grayson Kirk)发出的,告诉我要召开一项重要的教师会议,并问我:"能否参加?"

所以我就飞到纽约。会议在法学院举行,我来到法学院入口,注意到那里有警察设置的路障。我手边没有任何身份证明,以致无法通行。所以我从大老远来到纽约却不能与会,当然沮丧地回伊利诺斯。

但重点在于,这是动荡时期的一部分。当时也是我所属阿拉伯那一边的动荡时刻,情况很令人心灰意冷。然后就是学生的动荡,情况却很乐观。反正,理论上那像是个新的黎明。

最重要的是,那在知识上很重要,因为让我挣脱了自己置身其中的严格的双重结构,而以新的尤其是"知识的"途径来思考——这里说的是广义的"知识的"。我的意思不是专业的,我对于专业从来没有丝毫兴趣。但是我看到了一种知识潜能,由于我阿拉伯这一边生活的倾覆和我美国另一边生活的混乱,反而产生了一种知识潜能,来为自己形塑不同的人生和产物。就是那个引发了我。

这就是我发现一些法国理论家的问题所在:首先,我发现——这绝对影响到我在《开始》一书和以后所做的事——即使像德里达之类的理论家,表面上看来挣脱了所有的结构和正统、逻各斯中心论(logocentrism)、阳物中心论

（phallocentrism）诸如此类的事，但过了一段时间便成为他们自己的——我不会称之为"系统"，但一定可称为"方式"（manner）的——囚犯。

对于福柯我甚至更为幻灭，因为德里达的某些部分中至少有些机趣，有时甚至因为太过机趣而几乎沦为琐碎。兜了许多圈子、绕来绕去，最后把事情打发了，但有些有趣的见解，尤其是他早先的作品。

我觉得福柯最初的想法根据的是监禁（confinement）的观念——监禁和挑战监禁、挣脱——现在我们知道这和他自己的人生轨迹有很大的关系。有个叫米勒（James Miller）的正在为福柯重新立传，他的论点就是福柯一直在处理虐待和受虐的冲动（sado-masochistic impulses），包括了早期企图自杀。所以，这个监禁的想法对于多少囿限它、然后打开它是很重要的，这也是为什么像萨德〔Marquis de Sade，1740-1814，法国作家，以性倒错色情描写著称，曾因变态性虐待行为多次遭监禁，sadism（虐待狂）一词即源自其姓氏〕这样的人物对于早期的福柯那么重要。

但过了一段时间，我认为发生于德里达、福柯和其他某些人身上的——拉康（Jacques Lacan，1901—1989）和阿尔都塞（Louis Althusser，1918—1990）当然如此——则是他们成为自己语言的囚犯，他们真正做的是产生更多忠于以往的作品。他们在维持自己作品的完整一致，而且最重要的是，维持对于读者的一种忠诚，因为读者期盼更多相同的东西。

换句话说，我认为德里达对于拥有信徒和跟随者很感兴趣。

艾：他已经建立了一个学派。

萨：最精英的学派。我对那从来不感兴趣，因为在我看来是种束缚，终究是无趣的。我一直从事的是探索、自我批评、不断改变，试着使自己和读者惊奇。

因此，我发觉他们的作品很有问题。最重要的是，我发觉——最后一点——我发觉特别是在20世纪70年代初期和之后，他们出奇地以欧洲为中心。他们只对欧洲感兴趣——真正说来甚至不是欧洲中心（Eurocentric），而是法国中心（Franco-centric）。而我一向反对任何的中心（centri city）——中心与怪异（eccentricity）恰好相反——不管是非洲中心、欧洲中心、美国中心或什么中心。因为性情甚至意识形态的缘故，这和我所要做的事正好相反。

当时是60年代末，70年代初，对我来说开始的观念真正也意味着开始一种很深切的政治和道德的联系，和1967年后巴勒斯坦运动的复兴的联系。你知道，这些都发生在1967年和1971、1972年之间，导致1975年《开始》的出版。

我第一次感觉到可能把我人生的这两方面整合起来，以致我在夏天及年间返回中东等等不再只是探访家人，而是活跃的政治生活的一部分。我的家人、同学、熟人、朋友都开始成为运动的一部分，而我投身其中。

1972年到1973年间，我这辈子第一次重新学阿拉伯文——我小时候学过，那是我的第一个语文，但除了在学校之外从未以阿拉伯文来学习。我上的是一所英文学校，所有用阿拉伯文上的课都是无关紧要的，主要的是学习英国历史、英国文学诸如此类的事。

1972年到1973年间，我休假到贝鲁特，每天随同贝鲁特美国大学一位杰出的历史语言学家上阿拉伯文的家教班。我开始以严肃的方式了解阿拉伯文化和伊斯兰文化。

就是那个经验开始让我很批判这些理论性的宣告,因为它们似乎未能回应世界上很大一部分在帝国主义之后所经历的事情,新殖民主义的问题,以及对我来说最重要的巴勒斯坦的问题。

艾:你于1978年出版《东方学》一书,并可能以此书最为人所知晓。思考这本书的方式之一,就是它与福柯及其观念的关系。福柯认为知识论述与权力合并创造出人类压迫的模式,这些模式可说是无法挑战的。你的书一方面符合这种观念,却又在许多方面显著不同。在福柯看来,大势如此,往往无能为力。你的感觉是:越觉知这些监禁的结构,就越能导致相对的自由。如果我对你的了解正确的话,东方主义这种思维很普遍、势力庞大、具有监禁的效应,却终能摆脱。

萨:是的。大约就在那时我开始写《东方学》最后的章节——我要说的是,大约从1973年阿以战争之后我就开始写那本书了。在我看来那段时间虽然并不长,但当时存在着某些真正的希望。我所想的是叙利亚人和埃及人,和在较小的程度上,巴勒斯坦人,试图扫除以色列对于占领区的控制。

不要忘了,埃及人曾占领苏伊士运河,叙利亚人已经突破了以色列在戈兰高地的防线,虽然当时表面上看来他们好像做不了什么事——就像大约二十年后,每个人都说巴勒斯坦人完了,却爆发了"起义"(*intifada*)。

那一向最令我感兴趣。我的意思是说,尽管当时有一个或另一个强有力系统——不管是经济、社会或政治的强有力系统——的宰制,人们能如何突破。人们突破的尝试,那种对立的性质(oppositional quality)——我想那是有关人类行为最有趣的事。所以,那就是我对于东方学的发现——你能够研究它、反对它。

艾:在那本书开头,你是这么刻画东方学的:

> 我们把18世纪末期当成很粗略定义的起点,可以将东方学当成处理东方的集体建制来讨论、分析——处理的方式是借着认可对它的一些观点,陈述它、描述它、教授它、决定它、统治它:简言之,东方学是西方宰制、重构、掌管东方的一种方式。我发觉此处运用福柯的观念来指认东方学是很有用的,如福柯在《知识考古学》(*The Archaeology of Knowledge*)和《规训与惩罚》(*Discipline and Punish*)中所描述的。我所要争议的是:若不把东方学当作论述来加以检视,就不可能了解欧洲文化于后启蒙时期在政治上、社会学上、军事上、意识形态上、想象上能用来掌理——甚至生产——东方的极有系统的学科。

萨:是的。我只补充一点,书中最引我兴趣的现代版本,就是东方主义与帝国主义结合。换句话说,这种知识方式与真正的控制、真正的宰制真人实地是齐头并进的,或由这种控制与宰制所制造、产生的。

所以,东方学不只是对于东方神奇事物的替代经验;不只是模糊地想象东方是什么,虽然其中也有那些成分。其实东方学与如何控制真正的人们有关;它和始于拿破仑的实际宰制东方有关。

艾:是的。但是这样的段落中具有福柯式的意义:论述能开启宰制。

萨：是的。而且我发觉就某个意义而言，这比单纯地因果现象神秘得多。你知道，其中有着宰制。然后，又有这，又有那的。又有论述，然后又有侵入。

但是差别在于福柯似乎一直把自己和权力结盟。他像是一种不可抗拒的、不可规避的权力的抄写员。而我写作是为了反对那种权力，因此我的写作是出于一种政治立场。最后，虽然它势必很杂乱无章，但我试着显示一种对反的东方学（counter-Orientalism）的轮廓。

艾：你是怎么得出比福柯更乐观的看法的？是不是你们两人性情上的差异？

萨：不，我想真正的差异是……我想是性情上的，但如果你要指认出一个特殊的东西、一个特殊的思想风格，我想就是葛兰西的因素。

葛兰西的《狱中札记》英译本在20世纪70年代初期问世后不久我就读了，发觉它很吸引人，却又不尽令人满意，因为其中有太多的省略，很难了解葛兰西到底在讲些什么，要读意大利文才能了解他真正的用意。在《东方学》中的一个很重要段落，我引用了葛兰西的观察："批判性阐释（critical elaboration）的起点是意识到自己真正是什么，把'知道自己'当成截至目前的历史过程的产物，这在你身上储存了无限的痕迹，却未留下目录。"

英译就是这样。我去查原文，其实葛兰西说的是："因此，在开始时编制这样的目录是很迫切需要的。"瞧见了没？那就是差异。它不只是说"存在着"，还说"由'你'来编制目录"——而这是维科的影响之所以很重要的地方——"你赋予它一种结构，能允许你来面对它、解决它。"这在《东方学》中对我极为重要。

但在写作《东方学》时我不可能预见——其实,这一直都很让我惊异——这本书后来令人难以置信的转变,因为它现在已经被译成十七八种语言。这本书已经印行了十三年了,所有的译本都有销路。上周末有人告诉我中译本已经完成了,但还没出版。这本书也被译成日文。

艾:《东方学》这本书和下一本《巴勒斯坦问题》有没有关系?

萨:《东方学》在1978年出版,而我已经更直接涉入政治。但是流亡者的政治(expatriate politics)有不利的一面,也就是说,总是置身远处。在我还很年轻的时候,即使到处旅行,但仍然在教书。

然而,1977年我成为巴勒斯坦国会的一员,那时我想到继续写《东方学》是很重要的事。那是一本一般性质的书,所观察的对象是一些特殊的例子——但你也可以反过来说,因为《东方学》对于"东方"真正是什么并未置一词。

我那时要写的是个完全介入的政治论文——我的意思是说,自己从未假装它绝不是政治论文。如果你记得的话,开始时我提出了许多和《东方学》相同的论点,虽然这次特别指涉的是巴勒斯坦。我要从受害者的角度来展现巴勒斯坦。

我认为自己创造出另类历史(alternative history)这个看法,我在《巴勒斯坦问题》中曾举了一个例子。因此,这本书与《东方学》直接相关。

其实,《东方学》《巴勒斯坦问题》和《报道伊斯兰》三本书多少是接连写出的,彼此相隔不到一年问世,我想其中两本在同一年问世。

《巴勒斯坦问题》的目标是把巴勒斯坦的案例放在美国读者面前。这本书的对象不是阿拉伯人，而是西方读者，因为西方在巴勒斯坦的形成上已经扮演了很重要的角色。也就是说，犹太复国运动大都来自西方，受到西方的支持。

我要让美国人感受到从巴勒斯坦人的角度来看，巴勒斯坦的流离失所和疏离意味着什么。这是我头一次能从自己的经验来写这件事，而我试着以这本书获得更广大的读者群。其实，这本书的出版煞费周章。

艾：怎么了？

萨：事实上，20世纪70年代中期到晚期，有几位出版商与我接触，要我写一本有关巴勒斯坦的书。第一位与我接触后退却了。然后，第二位或第三位或第四位给了我一份合约。1978年夏天我把书交给灯塔出版社（Beacon Press）——我记得很清楚，因为那年夏天我感染肺炎——我接到他们一封很长的回信，签名的是委托我写书的那个女人。她等于要我写另一本书，我当然很生气。

所以我说："那么一来，你是在取消合约！"

她说："不是。"

而我知道这种方式不是要我另写一本书，就是退还订金。所以我就把订金退给她。于是我找其他一些出版社。我去找出版《东方学》的万神殿出版社（Pantheon Books），把稿子拿给席夫林（André Schiffrin）看，他拒绝出书，说它的历史性不够。

我说："那是什么意思？"

他说："这个嘛，你没有谈石油。"

我说："以色列人或犹太人和阿拉伯人争夺巴勒斯坦，石油根本不是争议的中心。"而我了解他所说的是意识形态的说法。

所以，我去找其他两三家出版社，最后，在一连串的机缘下，1978年秋天为纽约时报书系（New York Times Books）所接受、出版。

然后兰登书屋（Random House），特别是席夫林，购买了这本书的平装本版权。那真是讽刺。他们原先不愿出版，但成功之后却又要它。

艾：拒绝出版这本书恰好证明了《东方学》的论点？

萨：正是——那就是整个要点。他们不要"他者"发言。他们不要我谈论这些事情。我所说的是以往英文的主流出版物中从未说过的。在20世纪70年代末期，相关的作品绝无仅有。巴勒斯坦人已经很明显成了恐怖分子，而他们要维持那个样子。

那就是《巴勒斯坦问题》的论点。而且，如果我可以这么说的话，这是巴勒斯坦人头一次以英文、头一次清楚地说："我们必须和以色列的犹太人生活在一起。"在那本书的后面部分我提出了共存（coexistence）的论点，没有提到选择军事。这些事情现在得到回应——其中许多不只在巴勒斯坦人的文章中得到回应，也在以色列人的文章中得到回应。但我想我是头一批真正从巴勒斯坦人的角度清楚地说出那件事的人。

艾：身为文学学者和涉入政治议题，两者之间的关系会不会紧绷？还是互补？

萨：我想对我而言大体是互补的。紧绷则来自下列事实：我倾向于抗拒政治的急迫性——那些与权威、权力、对抗、迅速反应有关——原因很简单，因为我一直要保有隐私以便自我反省，等等。我试着停留在某种直接的政治职位之外——天晓得有多少人向我提供或暗示这些职位——为的是能以这种文学的方式反省,那需要更多的时间、需要更多的孤寂。

政治在某些方面来说是种群众艺术。这是与许多人相处的艺术,而我生性不是如此,虽然我能很友善地与人应对。

艾:你觉得你在政治文章中所说的事情曾使自己妥协吗?

萨:这个嘛,自20世纪70年代末期起我就得处理那个问题,因为一个人要面对许多不同的诉求对象。一方面我为直接的读者写作,你知道,那些人不是学院人士,而是以政治的方式介入。因此,在美国我的诉求对象是由值得我考虑的人士所组成——让我们称之为自由人士——这些人对于中东感兴趣,但既不是阿拉伯人,也不是犹太人。还有就是决策者、官员等,能向他们发言对我来说是很重要的事。我把他们列入考虑。还有就是族裔和政治的诉求对象。比方说,我在写《巴勒斯坦问题》时,处理的是这个国家中大致单一但并不完全单一的所谓"犹太社群",我的兴趣是引起他们的注意,把事情导入焦点——那本书部分达到了这个作用。当然,不只是这样,还要接续它,要讲话。我说了好多好多话。

一边是我的文学和文化的事物,另一边是我的政治工作,而我总是尝试在两者之间维持平衡。还有就是巴勒斯坦社群。我的意思是说,我有很大程度是对阿拉伯人和巴勒斯坦人写作。但是,当然,我们那么泾渭分明,所以我遭到许多攻击。比方说,《巴勒斯坦问题》出版时,人民阵线(the Popular Front)出版了一张巨幅印刷品攻击我,攻击我妥协,攻击我——什么来着?——投降主义,各式各样的话都出笼了。其他人则称赞这本书,你知道。因此,我很清楚自己工作所诉求的对象。

艾:这使我想到,在某些方面你的方法来自阿诺德和特瑞林人文主义的传统,而你要人们做的是把人文主义的价值应用到比阿诺德或特瑞林广泛得多的方面。

萨：或者说更一致。更一致。你瞧，因为我和广泛的人文主义传统没有不合之处。过去七八年来我在做的一件事就是撰写《东方学》的续集。我一直在写一本大书，书名叫《文化与帝国主义》（将于1993年1月出版），研究的就是广泛的人文主义原则，我所受的教育、觉得很自在的西方原则，总是受限于国界。

我举个例子：托克维尔，是吧？我认为，他在《美国的民主》（*Democracy in America*）一书反省美国，大力批判美国对待印第安人、黑人、南方奴隶制度的方式。同时，或者在那之后不久，托克维尔因为身为法国国会的一员，对于法国在北非的殖民政策涉入很深。法国人在阿尔及利亚施行更残暴的虐待、屠杀诸如此类的事，他却辩称是正当的。然后你就知道使他前后矛盾的是一种民族主义，这种民族主义说，可以批评他们，但一牵涉到"我们"的话，"我们"总是对的。

我一向痛恨那类事情。我认为那是我在知识上、道德上、政治上一向反对的头号部族偶像（idol of the tribe）。我的意思是：说什么应该存在着三四套原则，作为人们彼此行为的依据，这在我看来是最难祛除的一种观念。

你在穆勒身上也看得到，他是自由、民主的伟大倡导者，我们都从他那里学到很多。但他在印度任职时，只是一味提倡印度人继续依赖、臣服。在我的新书中，我尝试提出这些东西，并显示它们如何真正在运作。

接着我讨论去殖民化（decolonization），这是我在《东方学》中所没做的，在那里我只是从欧洲的一面来讨论。我的书有一整篇是关于我所谓的反对与抗拒，从白人踏上世界任何角落——新世界、拉丁美洲、非洲、亚洲,任何地方——的那一刻起,就有抗拒,而且逐渐升高,直到二次大战之后那个时期所发生的伟大的去殖民化,创造了一种特殊的抗拒与解放的文化,那就是我在书中所讨论的。你瞧,那是我在《东方学》中所没做的,现在则要尝试并显示另一面。

在新书中我对民族主义提出批判——其短处和必要——因为我就成长于战后第三世界民族主义的那个世界。你瞧,这是我的两个世界:西方世界和第三世界。要抗拒帝国主义就必须有民族主义,但民族主义紧接着就变成了盲目崇拜本土的本质和认同。你在像埃及这种国家就看得到。你在像叙利亚这种国家就看得到。你在萨伊、伊朗、菲律宾就看得到。其中的高潮当然就是去年春天美国和伊拉克的战争——依我之见,这是堕落的民族主义的战役。与之俱来的就是认同、本质、英国性、美国性、非洲性、阿拉伯性等观念。你所能想到的每个文化多少都做这种事。

艾:是的。与你对于民族主义或种族主义的批判同时而来的,似乎就是许多对于宗教、超越哲学的怀疑。

萨:对我来说,宗教是两件事。我成长的那块土地完全沉浸于宗教。巴勒斯坦唯一自然的事业就是制造宗教。我的意思是说,如果稍微想想的话,那就是我们所做的,不是吗?我在阿拉伯教会长大,我的曾祖父对教会贡献很大,他把《圣经》翻译成阿拉伯文,也是第一个本地的新教徒。我来自新教的家族,是希腊正教的一支。你瞧,在我们那个世界,传教士几乎无法使任何犹太人和伊斯兰教徒改变信仰。他们唯一能劝服改信的是其他基督徒。

因此,我父亲那一边由希腊正教改信圣公会或英国圣公会的新教,而我母亲那一边则是改信浸信会和福音会。我的外祖父是浸信会牧师。因此,我是在那种宗教环境下成长的,也是在英文—阿拉伯文双语环境下成长的。我知道两者的仪式,而英国国教祈祷书、阿拉伯文《圣经》、赞美诗等对我意义深远。

宗教作为私人的自传经验,我没有任何疑虑。而且在我成长的那个世界里,那些少数的基督徒有一种社群感。我们是少数。

我厌恶的是挟持宗教以达到政治目的,这是第二种现象。原教旨主义者——这个惹人反感的术语只牢系在伊斯兰教徒身上——当然存在于我们那个世界的犹太教和基督教,也存在于现在的美国。

艾:现世性对你来说具有中心的意义。

萨:现世性、世俗性等对我来说是关键的字眼。这也是我对宗教的批判以及觉得不安的地方,最近我对术语觉得很不自在,我的意思是说,批评和专业的特别的个人语言等;我可没空做那些。对我来说更重要的是写得让人了解,而不是误解。

因此,我的批判不是针对宗教的有系统批判,而是针对宗教的狂热现象——也就是说,回到某本书,尝试把它带回到现在。那个现象类似本土主义(nativism),你知道,这种观念认为你必须逃避现存的严重困扰的情境,并在过往的纯粹本质中寻找慰藉。还有就是组织的方面,这和各种公会、协会、私人的控制领域有关——在我看来这些自动意味着对于特定的他者的暴虐与折磨。

艾:在学院里政治批评现在变得很普遍。我知道你最近曾与人交锋,这件事大概可以说明一些新的发展。

萨：这个嘛，这件事很好笑，而且我想我们当中许多人都有过那种经验。事情发生在普林斯顿大学的达维斯中心。我交去了大约三四十页有关帝国主义的新书绪论。程序上是事先把文章送去，然后讨论。有很多人出席，大都是研究生和教师，令我印象深刻。

主持人摘述了我的论文，我表示了一些意见，然后开放讨论。第一个评论指出在我的文稿前十三四页没有提到任何现今活着的非裔美国女性，等等。声称我所引用的大都是已过世的欧洲白种男人。

由于我讨论的是19世纪末欧美的地理和比较文学这些有分歧的领域中的某种世界性思想，我就说要我来谈论任何活着的非白人女性是不恰当的。

这个女人说："是的，但你谈到了詹姆斯。"

我说："是的，就是嘛，他不是欧洲人。"

我得到的唯一回应就是对于詹姆斯的驳斥，而詹姆斯对我来说是很重要的，我写过很多文章讨论他。问题是，他已经死了。那就是对我的敌意的一部分。

艾：那个问题怀有敌意吗？

萨：是的，深怀敌意。我的意思是说，提出这个问题时，甚至在提出问题之前，都是很怀敌意的。后来午餐时，她对我甚至更严苛，指控我这，指控我那的。

我就说："听着，我想你大概不知道我是谁。我想你从来没读过我写的任何东西，因为我绝不像你指控的那样。"

她对我说，"该是把你送回去的时候了。"她说："我现在要把你送回你们白人那边。"她起身离桌，大手一挥，像是要把我挥走似的。我认为那真是惹人震怒。

那个讨论会的另一个发言者是位退休教授,我认识他大半辈子了(他也是阿拉伯人),他为东方主义辩护,说东方主义对我们是件很好的事。这个嘛,我认为他说的不是我们,而是外头那些人,因为如果没有产生东方主义的帝国主义,"他们"就不能做任何事等,而欧洲人教我们如何阅读楔形文字和象形文字,了解我们自己的传统,这些是我们自己做不来的。

有关文化之间关系的学术论述(那是我真正讨论的)以及不同团体之间关系的学术论述,不是显著的冲突(必须支持一方,反对另一方),就是以同样可笑的方式加以完全化约——这种论调在我看来荒谬透顶。你知道,有人说,"这个嘛,这全是帝国主义";另一个人说,"没有帝国主义我们就一无是处"。我觉得那令人沮丧。

大问题之一就是,在这场愚蠢的辩论中,双方有关经典、文化、大学等的争议,基本上都资讯不足。首先,他们不探索西方的历史经验,或非西方的历史经验。

其次,他们都是很差劲的读者,认为整个传统能可笑地化约为"这都是种族歧视"或"这是这件事、那件事或其他事"。那在我看来完全违反了如反帝国主义或女性主义所提供的异议传统(dissenting traditions),变得愚笨、化约。而那在我看来很拙劣地反映出的不是美国学界(我对美国学界有很正面的感情,拿任何东西来交换我在其中的生活我都不会答应),而是学界的那些操控者,他们就某个意义而言变成了场内经纪人,从中求取生涯,像德苏沙(D'Souza)和他的对手。

艾:你认为为什么现在会兴起对于学界的争议?

萨:我并不太清楚。很难说。也许……这个嘛,我可以臆测。一个原因就是在我看来学界完全和世界分离。尤其美国学术界有一种独特的无知,学院人士自认为可以谈论这些一般性的议题,却除了对学界和晋升有利的事之外,没有投入任何社会或政治机构。这是其一。

我想,美国在世界上的地位也是原因之一。我们大多数人都可以用那种方式行事,因为我们没有受到外界影响。我的意思是说,瞧瞧在伊拉克的战争。那是我一生中最恐怖的经验之一,我接受很多访问、发表很多演讲、写了很多东西讨论那场战争。但对大多数美国人来说,那只不过是一场遥远的电视战争。这场战争被那些学院人士所遗忘。没有人反对它。

因此,就这方面我认为,巨大的帝国主义势力不为外界事物所影响,这种情况是极大的奢侈,就像王尔德的剧本《不可儿戏》(*The Importance of Being Earnest*)中的人物,整天只为自己的名字喋喋不休。

我认为第三点就是学术专业化的看法。学院人士已经失去和所谓"真正人生的存在性密度"(the existential density of real human life)的接触,他们净用些术语来说话。

我不知道。这些只是臆测之词。我不知道为什么现在会发生这种事。

艾:让我更大胆地臆测涉及你自己作品的事。

萨:好的。

艾:如果纵观学术界的文学史,似乎真正发生的情况是:有些人在他们的领域极有创意——比方说,新批评家中的布鲁克斯(Cleanth Brooks)和维姆萨特(W. K. Wimsatt)——而往后的几十年他们的徒子徒孙则是为了各式各样的目的把那项成就化为例行公事。

萨:是的。

艾：在美国学界中，你和其他很少数人写出了很强、很有创意的政治取向的作品。但是，任何批评在学院里产生时，无可避免地会变成只具字面的意思。

萨：是的。

艾：而且遭到化约，甚至转而反对其创始者。

萨：而且遭到窄化。

艾：是的，被那些写博士论文的人所窄化，因为他们必须有术语来写论文。

萨：不，我想那是真的。

艾：那是反对它的说法吗？那是反对批评的政治化形式（a politicized form of the criticism）的说法吗？你了解我所说的吗？如果要经过博士论文这一关，就会变成——

萨：不，因为那种事总是会发生。那不是……我想，我不直接回答那个问题，而要先把你的注意力引到一个事实，比方说，现在有康拉德工业（Conradian industry）、乔伊斯工业（Joycian industry）、叶芝工业（Yeatsian industry）、狄更斯工业（Dickensian industry）。那和政治无关。也许你可以称之为次话语（sub-discourse）。

艾：一点也不错。

萨：但是，有人把狄更斯、康拉德和所有我们谈论的那些人化为例行公事。那种情况适用于所有学科。你可以说，那是我们所谈论的话语的专业化（the professionalization of the discourse）。

艾：但是，乔伊斯成为一种工业，而且对一些批评家来说被化为例行公事，这在我看来并没有大害。非裔美国人的困境成为一个工业而且被化为例行公事时，人们站起来叱责你是个种族歧视者,而所根据的是你没有提到甲、乙、丙的名字,那看起来的确是有害。

萨:是的。好的。我了解你的意思了。但是难道就要因此主张把像种族、战争、其他文化的疑义、文化之间的关系等议题从学术的检视下移开？我认为那不是解决之道。

我认为我们需要的是认识大学是什么,你了解吗？这里我想我们失去了我一直提到的来自詹姆斯的精神,而他又是从赛沙尔借来的:"没有一个种族能垄断美、才智、力量;在胜利的集会中,每人都有一席之地。"(No race possesses the monopoly of beauty, of intelligence, of force, and there is a place for all at the rendezvous of victory.)

换句话说,许多当前的政治批评中隐含的族裔成分是:学院世界是个竞争的场域(a site of contest),人们试着把意见不合的人甩到一旁,让自己高高在上。那在我看来是对学术探索的斫伤,因为学术探索的本质不是尝试以独尊一家、打压其他的方式来解决所有竞争,而是尝试借着我所谓的"知识工作"(intellectual work)、研究、讨论的知识过程等来包容,并且防范窄化、例行化——自己一旦上了竹筏,就使劲把其他人全推下去。

我认为这可以用知识的方式来完成。我谈论的不是社会工作或警察工作。我谈论的是知识工作,主张学院不是——这是我尝试表达的观点——学院"不是"解决社会—政治的紧张状态的地方。下面这些话也许是老生常谈,但学院是"了解"它们的地方,了解它们的根源,了解它们的进行方式,其中相关的是知识过程。所以,在那个意义上,我认为解答不在于去除政治化的讨论,而是以更宽宏、开放的精神去从事政治化的讨论。

艾：人们把新批评化为例行公事时，有些新批评家说，"这是善用这种特殊的方法"，也有人说，"这称不上是善用"。而这都与个别批评家的细腻、表现、敏锐有关。我想，政治批评也可能如此。

萨：但是，我认为在文学、人文领域中，大多数人不能很明确地意识到阅读文学文本和国家或国际政治之间的限制和可能的同步现象。这些是很不同的东西。大多数人从文学或知识的议论一跃而到政治的说法，事实上是不可以这么做的。我的意思是说，你如何从文学诠释调整到国际政治？那很难。

而大多数尝试这么做的人都很无知，就像和我争辩的那个学院人士的说法所显示的，她说詹姆斯"已经死了"。那根本不是论证的方式！那只是愚笨，需要加以揭穿、打消。

艾：但我认为你这里所正确描述的那些人当中，有些会说他们的重要影响之一就是萨义德。

萨：是的，我了解你的意思。这个嘛，我会说他们愚蠢地误读了我的书。比方说，我手边有篇《世界・文本・批评家》的书评，刊登于一个主要的犹太组织的应景刊物，指称当我谈论"世俗的批评"时，是在用一种玄奥的方法提出巴勒斯坦解放组织的目标：借着杀害所有以色列人，以建立一个世俗的民主国家。那篇文章真的是那么说的。

艾：那是一种创造性的误读。

萨：正是！一种恶意的创造性误读。所以作者不能总是为了误读他的人而被责怪，如果你懂我的意思的话，虽然我想作者可能也要受到相当程度的责怪。所以你得写得更多、解释得更多。我不像自己很崇拜的乔姆斯基，不断回信或回应错误的说法，但我多少试着这么做，而时间总是不够。我总是涉入我要做的其他事中。

* 本访谈录原名"Expanding Humanism: An Interview by Mark Edmundson with Edward Said"，收于《野兰花与托洛斯基：来自美国大学的讯息》[*Wild Orchids and Trotsky: Messages from American University*（New York: Penguin Books，1993）]，103—123页，获萨义德授权中译。

附录三 萨义德专著书目提要

一九六六 《康拉德与自传小说》[*Joseph Conrad and the Fiction of Autobiography*（Cambridge, Mass.:Harvard University Press）]

本书原为作者于哈佛大学所撰写的博士论文,第一部分依年代顺序研究波兰裔英国作家康拉德于1885年(现存最早的书信)至1924年(去世之年)所写的书信,第二部分讨论康拉德中短篇小说作品。作者认为这些书信不但呈现了作家的自我成长与发现,而且与他的小说密切相关,处处展现了一位严肃、自觉的艺术家如何于艺术中努力将外在的混乱化为秩序。

一九七五 《开始:意图与方法》[*Beginnings:Intention and Method*（New York:Basic Books, 1975;New York:Columbia University Press, 1985）;本书获第一届年度特瑞林奖(Lionel Trilling Award)]

作者在本书中深刻省思"开始"的观念,视之为"世俗的、人为的、不断重新检验的",而与"源始"对立(后者为"神圣的、神话的、特权的")。前两章讨论"开始"之认定及意图所需的条件,第三、四、五章进一步以长篇小说及其他文本为例,说明

"对于开始的兴趣造成特定的书写、思想、意义"等,而以第六章对于维科的研究总结。

一九七八 《东方学:西方对于东方的观念》［*Orientalism: Western Conceptions of the Orient*（New York:Pantheon Books, 1978;New York:Vintage Books, 1979;London:Routledge & Kegan Paul, 1979）;本书获提名美国书评家奖（the National Book Critics Circle Award）］

本书为作者最著名的作品,析论从1798年拿破仑入侵埃及到当代的西方学者、作家、机构如何来认知、想象及建构东方（主要是阿拉伯世界）,并传播有关东方的看法,视东方为相对于西方的异己、他者,因而是神秘的、落后的、野蛮的。全书以具体事例深入解析知识与权力的关系。首章谈论东方学的范畴,次章谈论东方学式的结构与重新结构,末章讨论现在的东方学。

一九七九 《巴勒斯坦问题》［*The Question of Palestine*（New York:New York Times Books, 1979;London:Routledge & Kegan Paul, 1980;New York:Vintage Books, 1992）］

当时身为巴勒斯坦国会一员的作者,以巴勒斯坦人和犹太复国运动（Zionist movement）冲突的历史个案,分析巴勒斯坦及四百万流离失所的子民的问题。首章讨论巴勒斯坦问题,次章从受害者的立场来看犹太复国主义,第三章讨论巴勒斯坦的自决,末章讨论在戴维营（Camp David）和谈之后的巴勒斯坦以及其子民何去何从等问题。

一九七九　《巴勒斯坦问题与美国语境》[*The Palestine Question and the American Context*（Beirut：Institute for Palestine Studies）]

此为1979年7月至8月萨义德担任巴勒斯坦研究所访问学人的系列演讲之一，讨论巴勒斯坦与美国的关系，质疑向美国官方进行游说的效用，主张应转而诉求于美国的民间社会，尤应诉求于美国文化中的核心价值观——支持人类自由、解放，要求社会公平、正义，反抗强权、压迫。

一九八一　《报道伊斯兰：媒体与专家如何决定我们看待世界其他地方的方式》[*Covering Islam：How the Media and the Experts Determine How We See the Rest of the World*（New York：Pantheon Books，1981；London：Routledge & Kegan Paul，1981；New York：Vintage Books，1997）]

作者自称本书是自己讨论"伊斯兰世界与东西方之间的现代关系……系列之作的第三本，也是最后一本"（第一本是《东方学》，第二本是《巴勒斯坦问题》）。主标题中的"covering"一语双关[有"（正在）报道、掩盖"之意]，全书讨论当代西方（尤其美国的媒体和学者专家）如何观看、认知、诠释、报道、再现中东的伊斯兰教国家。首章讨论新闻中所呈现的伊斯兰世界，次章分析有关发生于伊朗的美国人质事件的报道，末章分析知识、诠释与权力的关系。

一九八三　《世界·文本·批评家》[*The World, the Text, and the Critic*（Cambridge, Mass.：Harvard University Press）]，本书为美国比较文学学会韦礼克奖（the Rene Wellek Prize）

得奖之作。

本书为作者自1969年至1981年间所发表的论文修订、结集而成,内容虽可归类为作者所谓的当今四类主要的文学批评形式(书评式的实际批评,学院派的文学史,文学鉴赏与诠释,文学理论),却有意超越此范畴,指出文学批评活动并非隔离、自外于社会上的政治关怀与权力关系,标举批判意识的重要性,并拈出"世俗批评"一词,强调身为批评家的知识分子应有的认知、态度与作为。

一九八六 《最后的天空:巴勒斯坦众生相》[*After the Last Sky*:*Palestinian Lives*. Text by Edward W. Said. Photographs by Jean Mohr(New York:Pantheon Books,1986;New York:Columbia University Press, 1999)]

作者于1983年担任联合国巴勒斯坦问题国际会议的顾问时,建议资助瑞士籍摄影师摩尔拍摄巴勒斯坦人。全书由作者撰文,配合摩尔的一百二十张照片,分为四个主题("情况""内部""凸现""过去与未来"),以图文并茂的方式,书写并再现流离失所的巴勒斯坦人,其角度与内容迥异于西方主流媒体。

一九九一 《音乐之阐发》[*Musical Elaborations*(New York:Columbia University Press)]

本书原为美国加州大学尔湾校区(University of California, Irvine)重要的年度系列演讲(发表于1989年5月),作者以专业的文学批评家/理论家及业余的爱乐者的角色(自1986年起定期为《国家》杂志撰写音乐专栏),将西方古典音乐视为"文化场域"(cultural field),试图将其置于社会及文化环境中,挪用并质疑文化批评家阿多诺的观点,并指出全心投入的业余者未必如一般认定的那么无力(附乐谱)。

一九九一 《认同·权威·自由:君主与旅人》[*Identity, Authority and Freedom: The Potentate and the Traveller*(Cape Town: University of Cape Town)]

本篇为1991年5月22日萨义德应南非开普敦大学之邀所发表的第三十一届达伟纪念演讲(T. B. Davie Memorial Lecture),该演讲是纪念在南非种族隔离政策下捍卫学术自由的已故开普敦大学副校长达伟。文中讨论国家/民族认同、权威与学术之间的关系,认为学界,尤其大学,具有特殊地位,更应维持独立、知识、批判与世俗的角色,并以二意象总结:不宜做独霸一方、目空一切、自以为是的君主,而应成为愿意跨越边界、出入不同领域、随遇而安的旅人,无休无止地追求知识与自由。

一九九三 《文化与帝国主义》[*Culture and Imperialism*(New York: Alfred A. Knopf, 1993; New York: Vintage Books, 1994)]

将《东方学》中对于西方与中东的观察,扩及19、20世纪的近代西方帝国与海外属地的关系,针对特定作家及文本(尤其长篇小说)进行分析与讨论,阐释文化与帝国主义、帝国的宰制与被统治者的抗争之间错综复杂的关系。

一九九四 《笔与剑:萨义德访谈录》[*The Pen and the Sword: Conversations with David Barsamian*(Monroe, ME:

Common Courage Press）]

在这本访谈录中，萨义德针对访谈者所提的问题现身说法，畅谈多年来关切的事情，如流离失所的巴勒斯坦人的政治与文化，以色列与巴勒斯坦之间的恩怨，东方主义的重新省思，文化与帝国主义，知识分子的角色，记忆、历史、叙事与故事的重要性，知识与权力的关系等。

一九九四 《流离失所的政治：巴勒斯坦自决的奋斗，1969—1994》[*The Politics of Dispossession*：*The Struggle for Palestinian Self-Determination*，*1969-1994*（New York：Pan-theon Books）]

收录作者自1968年至1993年间所发表有关巴勒斯坦问题的文章以及一篇长序，全书结合文学批评的犀利手法、文化理论的观念及丰富的历史知识，讨论巴勒斯坦人的历史、处境、权利、认同、自决等问题，以及与外界的关系——尤其以色列和美国的政策及媒体报道。

一九九四 《知识分子论》[*Representations of the Intellectual*：*The 1993 Reith Lectures*（New York：Pantheon Books；Originally published in Great Britain by Vintage Books）]

本书原为1993年应英国广播公司之邀所发表的瑞思系列演讲，全书六章，讨论（主要是）西方知识分子的传统，发抒对于知识分子应有的认知、态度与作为之体认与见解，认为知识分子应特立独行，甘于寂寞，秉持独立判断及道德良知，不攀权附势，不热衷名利，勇于表达一己之见，充当弱势者的喉舌，保持批判意识，反对双重标准及偶像崇拜等（详见本书）。

一九九五　《和平及其不满：中东和平进程中的巴勒斯坦》
[*Peace and Its Discontents：Essays on Palestine in the Middle East Peace Process*（New York：Random House, Inc.）]

　　本书收录作者于1993年9月至1995年5月间的文章，是其众多著述中第一本以阿拉伯世界读者为对象之作，检讨自1993年在白宫草坪巴勒斯坦解放组织和以色列政府和谈的历史性时刻以来两年间的发展，自称作为"目击者报道"（eyewitness reports），并发出异议之声。

索 引

英中对照

A

Adonis, 阿当尼斯/52, 53
Adorno, Theodor Wiesengrund, 阿多诺/ 66-70, 73, 75, 131, 164
　Minima Moralia,《道德的最低限度》/ 67, 68, 75
Arnold, Matthew, 阿诺德/13, 46, 149, 150
　Culture and Anarchy,《文化与无政府状态》/46
Aron, Raymond, 阿隆/14, 81
Aryans, 雅利安人/15
Auerbach, Erich, 奥尔巴赫/64
Austen, Jane, 奥斯丁/15, 35, 80, 131

B

BBC, 英国广播公司/13, 14, 21, 22, 165, 173
Baathism, 复兴主义/116
Baldwin, James, 鲍德温/8, 19, 33, 73, 141
Bani-Sadr, Abolhassan, 巴尼沙德/105, 106
Barrès, Maurice, 巴雷斯/28, 41
Barrett, William, 巴瑞特/14, 16, 35, 80

Bazarov, 巴扎洛夫/33, 34, 38, 67, 68, 78
Beauvoir, Simone de, 渡伏瓦/32
Bell, Daniel, 贝尔/22, 42, 56, 57, 58, 59, 74, 80, 84, 90, 128, 137,139
Benda, Julien, 班达/10, 16, 17, 22, 26, 27, 28, 29, 41, 43, 46, 47, 51, 81
　La trahison dex clercs,《知识分子之背叛》/26, 41, 43
Benjamin, Walter, 本雅明/6, 17, 50, 51, 58
Berg, Alban, 柏格/66, 75
Berlin, Isaiah, 柏林/32, 42
Bradley and Olin Foundations, 布莱德雷与欧林基金会/113
Braun, Wernher von, 布劳恩/64
Brontë, Charlotte, 勃朗特/50
Brzezinski, Zbigniew K., 布热津斯基/ 63, 74
Buckle, Henry Thomas, 巴克尔/16, 27
Bugeaud, Thomas Robert, 比若/96, 103
Bush, George H. W., 布什/23, 98, 115

C

CNN, 有线电视新闻网/13

索 引　　167

Calas family, the, 卡拉家族/28, 41
Camus, Albert, 加缪/32, 42, 77, 81
Carey, John, 凯里/13, 16, 17, 18, 21, 22, 55, 58, 95, 97, 104, 119
　Intellectuals and the Masses: Pride and Prejudice Among the Literary Intelligentsia 1880–1939, The,《知识分子与群众：文学知识阶层中的傲慢与偏见，1880–1939》/16, 22
Cassandra, 卡桑德拉/79
Cavafy, Constantine, 卡瓦菲/48, 61
Chomsky, Noam, 乔姆斯基/2, 20, 44, 49, 61, 86, 101, 104, 158
Collier, Peter, 柯里尔/19, 22, 94, 113
Conrad, Joseph, 康拉德/3, 131, 135, 156, 160
Crossman, Richard, 克罗斯曼/21, 41, 110, 111, 119
　God That Failed, The,《失败的上帝》/110, 111, 112, 119
Crusoe, Robinson, 鲁滨逊/70, 139
Culture and Imperialism,《文化与帝国主义》/8, 15, 103, 150, 164

D

Dailey, Peter, 戴礼/19, 22, 94, 113
Deane, Seamus, 狄恩/35, 42
Debray, Regis, 德布雷/76, 77, 78, 89, 90
　Teachers, Writers, Celebrities: The Intellectuals of Modern France,《教师·作家·名流：近代法国知识分子》/76, 89
Dedalus, Stephen, 藏德勒斯/35, 110
Deeb, Kamal Abu, 狄柏/52
Derrida, Jacques, 德里达/129, 139, 140, 141
Deslauriers, Charles, 德思拉利尔/21, 35, 37
Dickens, Charles, 狄更斯/35, 156
Dower, John, 道尔/13, 16, 18, 21, 55, 58, 95, 97, 104, 119
Dreyfus, Alfred, 德雷福斯/28, 29, 41, 80, 104, 164

E

Eliot, George, 艾略特/16, 35, 45, 47
Encounter,《文汇》/111

F

Fanon, Frantz, 范农/8, 54, 57, 97, 130
Fénelon, François de Salignac de la Mothe, 费内隆/27, 41
Flaubert, Gustave, 福楼拜/33, 37
　Sentimental Education,《情感教育》/33, 37
Foucault, Michel, 福柯/3, 5, 8, 20, 30, 41, 95, 129, 139, 141, 143, 144, 145
Freud, Sigmund, 弗洛伊德/132
Fukuyama, Francis, 福山/20, 125

G

Galbraith, John Kenneth, 加尔布雷思/13, 22
Gellner, Ernest, 盖尔纳/17, 18, 22, 26
　"La trahison de la trahison des clercs",《知识分子背叛之背叛》/17, 22
Genet, Jean, 热内/8, 17, 21, 26, 27, 32, 42, 41, 110, 134, 163
Ghotbzadeh, Sadek, 哥扎德/105

Gide, André, 纪德/77, 147, 90, 110
Gissing, George, 吉辛/16, 35, 45
Gluck, Carol, 格勒克/55, 58
Gould, Glenn, 古尔德/29, 81, 90
Gouldner, Alvin W., 古德诺/29, 41
Gramsci, Antonio, 葛兰西/8, 25, 26, 29, 30, 31, 41, 50, 78, 130, 145
Prison Notebooks, The,《狱中札记》/25, 30, 41, 145
Guevara, Che, 格瓦拉/76, 89
Gulf War, 海湾战争/23, 40, 45, 106, 116

H

Hardy, Thomas, 哈代/27, 35, 38, 63, 96
Hobsbawm, Eric J., 霍布斯鲍姆/82, 90
Hook, Sidney, 胡克/80
Horowitz, David, 霍洛维兹/9, 42, 89, 113, 161, 164
Howe, Irving, 豪/42, 80, 119
Hsu, Francis L. K., 许烺光/125
Humboldt, Wilhelm von, 洪堡/81, 90
Huntington, Samuel P., 亨廷顿/7, 23, 125
Hussein, Saddam, 萨达姆·侯赛因/99
Husserl, Edmund, 胡塞尔/66, 75, 80, 138, 159

J

Jabès, Edmond, 贾贝斯/61, 74
Jacobs, Jane, 雅可布斯/15, 79, 80
Jacoby, Russell, 贾克比/13,79, 80, 81, 90
Last Intellectuals, The,《最后的知识分子》/79, 90

James, C. L. R., 詹姆斯/8, 19,33, 73, 97, 130, 131, 141, 153, 157, 158
Beyond a Boundary,《跨越界线》/73
Black Jacobins, The,《黑人极端激进分子》/73
Mariners, Renegades, and Castaways,《水手·叛徒·流浪者》/73
Jesus(Christ), 耶稣/26, 43, 103
Johnson, Paul, 约翰逊/17, 18, 22, 104, 161, 162
Joyce, James, 乔伊斯/33, 35, 36, 78, 79, 156
Portrait of the Artist as a Young Man, A,《一位年轻艺术家的画像》/33, 35
Ulysses,《尤利西斯》/36

K

Kazin, Alfred, 卡津/41, 80, 104, 164
Khomeini, Ayatollah, 霍梅尼/9, 105, 106, 108
Kissinger, Henry, 基辛格/27, 42, 63, 74
Koestler, Arthur, 凯斯特勒/110, 118

L

Lewis, Wyndham, 刘易斯/16, 22, 37, 80
Lippmann, Walter, 李普曼/17, 50
Lyotard, Jean-François, 利奥塔/8, 20, 22, 36

M

Mahfouz, Naguib, 马哈福兹/131, 137
Malraux, André, 马尔罗/77, 90, 147
Mann, Thomas, 托马斯·曼/27, 35, 38, 63, 74, 96

Manzoni, Alessandro, 曼佐尼/56, 59
Martí, Jose, 马蒂/3, 54, 58, 160
Maruyama, Masao, 丸山真男/55, 59
Marx, Karl, 马克思/25, 67, 90, 95, 107, 110, 115, 132
Massillon, Jean-Baptiste, 马悉隆/27, 41
Mauriac, Claude, 莫里亚克/77, 90
McCarthyism, 麦卡锡主义/111
McDonald, Dwight, 麦克堂纳/80
Melville, Herman, 梅尔维尔/73, 75
Mill, John Stuart, 穆勒/38, 42, 97, 104, 141, 150
Mills, C. Wright, 米尔斯/38, 39, 40, 42
Mitterrand, François, 密特朗/27, 57, 76
Miyoshi, Masao, 三好将夫/55, 58, 59
Mobutu Sese Seko, 蒙博托/62, 74
Moreau, Frédéric, 摩罗/37, 38
Mumford, Lewis, 孟福德/16, 37, 79, 80
Mussolini, Benito, 墨索里尼/25

N

Naipaul, V. S., 奈保尔/61, 62, 65, 66, 74
  Bend in the River, A,《河湾》/61
Namier, Lewis, 纳米尔/16, 37, 80
Nasser, Gamal Abdel, 纳赛尔/114, 138
Nazi, 纳粹/29, 56, 63, 64, 66, 68
Negroes, 黑人/15, 19, 62, 63, 73, 75, 97, 150
Neruda, Pablo, 聂鲁达/56, 59
New Criterion, The,《新标准》/80,
New York Review of Books,《纽约书评》/80
New York Times,《纽约时报》/45, 58, 148, 161

Nietzsche, Friedrich Wilhelm, 尼采/27
Nouvelle Revue Française, the, 新法兰西评论/76
Novick, Peter, 诺维克/19, 22, 94, 95, 103, 113
  That Noble Dream,《那个崇高的梦想》/94, 103

O

Oppenheimer, Robert, 奥本海默/11, 13, 22, 30, 96
Orientalism,《东方学》/5, 6, 7, 8, 15, 58, 123, 124, 126, 129, 143, 145, 146, 147, 148, 150, 151, 161, 164
Orientals, 东方人/15, 126, 127
Orwell, George, 奥威尔/16, 28, 35, 45
  "Politics and the English Language",《政治与英文》/45
Orwellian Newspeak, 奥威尔式的新语/28
Ovid, 奥维德/60,
Owen, Wilfred, 欧文/18, 22

P

Paine, Thomas, 潘恩/27, 35, 38, 63, 96
Palestine(Palestinian), 巴勒斯坦(人)/1, 2, 4, 5, 8, 9, 10, 14, 15, 20, 54, 60, 61, 62, 92, 102, 103, 106, 107, 108, 109, 115, 116, 118, 123, 124, 125, 127, 134, 138, 142, 143, 146, 147, 148, 149, 151, 158, 161, 162, 163, 165, 166, 173
Peirce, C. S., 皮尔斯/101
Picasso, Pablo, 毕加索/56, 59

Pilate, Pontius, 彼拉多/94, 103
Polo, Marco, 马可·波罗/70

Q

Quayle, Dan, 奎尔/52, 57, 80, 128, 139
Quixote, Don, 堂·吉诃德/28, 80

R

Rahv, Philip, 拉夫/80, 113,
Reith Lectures, 瑞思系列演讲/10, 13, 14, 16, 19, 165, 173
Renan, Ernest, 勒南/17, 26, 27, 41, 81
Rilke, Rainer Maria, 里尔克/72
Rushdie, Salman, 拉什迪/9, 94, 131
  Satanic Verses, The,《撒旦诗篇》/9, 94
Russell, Bertrand, 罗素/13, 22, 32, 44, 79, 81

S

Sale, Kirkpatrick, 赛尔/51, 58, 114, 138
Sartre, Jean-Paul, 萨特/17, 30, 32, 33, 77, 81, 82, 83, 90, 155
  What Is Literature?,《文学是什么?》/82,
Schoenberg, Arnold, 勋伯格/13, 46, 66, 67, 75
Searle, John, 瑟尔/13, 16, 18, 21, 22, 55, 58, 95, 97, 104, 119
Shariati, Ali, 谢里阿提/52
Shils, Edward, 希尔斯/2, 50, 51, 58, 64, 126, 159, 163
Silone, Ignazio, 西洛内/110, 118
Socrates, 苏格拉底/26
Sontag, Susan, 桑塔格/80
Sorbonne, the, 巴黎大学/76
Spender, Stephen, 斯班德/35, 110, 119
Spinoza, Benedict de, 斯宾诺莎/26, 41
Spitzer, Leo, 史毕哲/64
Sunday Telegraph, The,《星期日电讯报》/15
Swift, Jonathan, 斯威夫特/74, 65, 74
  Drapier's Letters, The,《布商的书信》/65
  Gulliver's Travels,《格列佛游记》/65

T

Tagore, Rabindranath, 泰戈尔/54, 58
Teller, Edward, 泰勒/2, 50, 64, 126, 159, 163
Thackeray, William Makepeace, 萨克雷/35
Thompson, E. P., 汤普森/82, 90, 119
Tocqueville, Alexis de, 托克维尔/96, 97, 150
Toussaint-L'Ouverture, Pierre Dominique, 图森–路维杜尔/73, 75
Toynbee, Arnold, 汤因比/13, 46, 66
Trilling, Lionel, 特瑞林/80, 149, 150, 160,
Turgenev, Ivan Sergeyevich, 屠格涅夫/33, 34, 35, 67, 68, 78
  Fathers and Sons,《父与子》/33, 34, 67

U

Ungaretti, Giuseppe, 安卡瑞提/61, 74

V

Vico, Giambattista, 维科/71, 72, 132, 139, 145, 161

New Science, The,《新科学》/71
Vidal, Gore, 维达尔/20, 49
Voice of America, 美国之音/13
Voltaire, Jean François Arouet, 伏尔泰/26, 27, 28, 41, 104

W

Wells, H. G., 威尔斯/16
West, Cornel, 魏思特/2, 5, 7, 119, 126, 161
White, Hayden, 怀特/82, 90
Wilde, Oscar, 王尔德/56, 78, 155
Williams, Raymond, 威廉斯/14, 22, 81, 130
  Keywords,《关键词》/14, 22,
Wilson, Edmund, 威尔逊/66, 79, 80, 138, 159
Winder, Anne, 温德/14, 21, 58,
Woolf, Virginia, 伍尔芙/49, 50, 51
  "Room of One's Own, A",《自己的房间》/49

X

X, Malcolm, 马尔科姆·X/19

后　记

　　知识分子在古今中外的历史上，一向扮演着重要的角色。中国传统知识分子，多以儒家理想中的"士"自诩，信奉"士不可不弘毅，任重而道远，仁以为己任，不亦重乎，死而后已，不亦远乎"的说法。不但讨论此议题，更强调躬身奉行。西方相关的论述也层出不穷，套用本书作者的说法，"不但范围惊人，而且研究深入"。

　　巴勒斯坦裔美国学者萨义德的《知识分子论》一书，原为历史悠久的英国广播公司1993年瑞思系列演讲。全书借助西方若干代表性看法，结合作者特殊的经验与立场，提出精辟独到的见解，出版以来不但受到英文世界的重视，也译成多种文字，在世界各地引起广泛的讨论。

　　从文化生产（cultural production）的角度来看，任何翻译都离不开时空及文化背景。更深入的问法便是：为什么某时某地要以某种语言翻译某本书？

　　我一向认为，翻译不应仅止于原作本身的迻译，也应带入相关的文化、历史脉络，让读者一方面从译文本身了解原作的主旨，另一方面从其他相关资讯知悉作者及写作背景，以便体会原作、作者及其脉络的关系，原作产生的来龙去脉，了解"斯人也，而有斯文也""斯'历史''文化'也，而有斯文也",进而体会在经由翻译、移植进入另一文化的过程中,除了原意之外,在标的语言(target language)和标的文化(target culture)中衍生了哪些新意,产生了哪些效应。换言之,翻译不可能原封不动地把观念搬到异时空、异文化,而是在转移、搬运的过程之中,以及移植到异时空、异文化的情境之后,除了原意之外,又产生了衍义/衍异。原意的移转固然重要,衍义/衍异更是两种文化遭逢、互动的结果。值得观察。

为了接近心目中翻译/引介的理想境界,本书的中译本提供了较其他语文译本更广泛的资讯,希望借由绪论、访谈录、书目提要(中文版也增添了原作未有的索引),让读者进一步了解作者的生平与历史、文化背景,以及此书在他的学术、写作生涯中的定位及特殊意义,以便在文本/文化移植的过程中,中文世界的读者能在萨义德这位文学研究者/文化批评家、身体力行的知识分子的现身说法下,与中国传统及当代的知识分子观相激相荡,得到借镜和启发。

《知识分子论》的繁体字版,于1997年底由台湾的麦田出版公司印行,立刻引起多方的注意与讨论,并获台湾两大报的年度书奖——"中国时报1997十大好书"及"1997联合报读书人最佳书奖"。以"知识分子的社会参与"为题的系列演讲,于1998年6月到1999年10月展开,邀请散布各领域的知识分子共襄盛举。大陆、美国等地的中文报章期刊,也陆续出现评论,足证中文世界对此议题的关切。因此,很高兴三联书店获得此书的中国大陆版权,让它能与更广大的中文读者见面,至于书中的专有名词,也由专人转换为大陆读者所熟悉的用语(此为衍义/衍异又一具体而微的实例)。

本版得以问世,多亏华西医科大学外语系文楚安教授的热心联系,在此特别表示谢意。

单德兴
1999年10月于台北南港